福建教育学院资助出版

"福建省'十三五'中小学名师名校长培养工程丛书"编委会
（福建教育学院培养基地）

丛书主编：郭春芳

副 主 编：赵崇铁　朱　敏

编 委 会：（按照姓氏笔画顺序排列）
　　　　　于文安　杨文新　范光基　林　藩　曾广林

名校长卷

主　　编：于文安

副 主 编：简占东

编　　委：陈　曦　林文瑞　林　宇

名 师 卷

主　　编：林　藩

副 主 编：范光基

编　　委：陈秀鸿　唐　熙　丛　敏　柳碧莲

福建省"十三五"名师丛书

简约化
数学教学

陈惠增　◎ 著

厦门大学出版社
XIAMEN UNIVERSITY PRESS

国家一级出版社
全国百佳图书出版单位

图书在版编目(CIP)数据

简约化数学教学/陈惠增著.—厦门:厦门大学出版社,2020.8
(福建省"十三五"名师丛书/郭春芳主编)
ISBN 978-7-5615-7865-0

I.①简… II.①陈… III.①中学数学课—教学研究—初中 IV.①G633.602

中国版本图书馆 CIP 数据核字(2020)第 158666 号

出 版 人	郑文礼
责任编辑	郑 丹

出版发行 厦门大学出版社

社 址 厦门市软件园二期望海路 39 号
邮政编码 361008
总 机 0592-2181111 0592-2181406(传真)
营销中心 0592-2184458 0592-2181365
网 址 http://www.xmupress.com
邮 箱 xmup@xmupress.com
印 刷 厦门集大印刷厂

开本 720 mm×1 000 mm 1/16
印张 12.5
插页 2
字数 218 千字
版次 2020 年 8 月第 1 版
印次 2020 年 8 月第 1 次印刷
定价 58.00 元

◎ 总　序

　　"百年大计,教育为本;教育大计,教师为本。"教师队伍建设是教育质量提升的关键。2018年,中共中央、国务院印发《关于全面深化新时代教师队伍建设改革的意见》,吹响了新时代教师队伍建设改革的集结号,提出教师队伍建设改革的目标是"到2035年,教师综合素质、专业化水平和创新能力大幅提升,培养造就数以百万计的骨干教师、数以十万计的卓越教师、数以万计的教育家型教师"。福建省委、省政府牢记习近平总书记"福建没有理由不把教育办好"的殷切嘱托,以高度责任感、使命感,坚持教育优先发展,始终将建设一支师德高尚、业务精湛、结构合理、充满活力的高素质专业化教师队伍作为基础工作,出台了一系列政策措施,激发广大教师投身教育综合改革的积极性、主动性、创造性。福建省教育厅为打造基础教育高层次领军人才队伍,实施"强师工程"核心项目——中小学名师名校长培养工程,旨在培养一批在省内外享有盛誉的名师名校长,促进我省教育高质量发展。

　　"十三五"期间,福建教育事业紧紧围绕"新时代新福建"发展战略,坚定不移走以提升质量为核心的内涵发展之路,着力推动规模、质量和效益的协调发展,努力让教育改革发展成果更多地惠及民生,让人民群众有更多的获得感。2017年,省教育厅会同财政厅启动实施了"十三五"中小学名师名校长培养工程,在全省遴选培养100名名校(园)长、培训1000名名校(园)长后备人选、100名教学名师和1000名学科教学带头人。通过全方位、多元化的综合培养,造就一批师德境界高远、政治立场坚定、理论素养深厚、教学能力突出(治校能力突出)、教学风格鲜明(办学业绩卓越)、教育视野宽阔、富有开拓创新精神、在省内外有较大影响力的名师名校长,为培育闽派教育家型校长和闽派名师奠定基础,带动和引领全省中小学教师队伍建设,为推进我省基础教育优质均衡发展、办好人民满意教育,为"再上新台阶、建设新福建"提供有力的人才保障。

为扎实推进福建省"十三五"中小学名师名校长培养工程,保障实现预期培养目标,福建教育学院作为本次名师名校长培养工程的主要承担单位,自接到任务起,就精心研制培养方案,系统建构培训课程,择优组建导师团队,不断创新培养方式,努力做好服务管理,积极探索符合名师名校长成长规律的培养路径,确保名师名校长培养培训任务高质量完成,助力全省名师名校长健康成长,努力将培养工程打造成全省乃至全国基础教育高端人才培养示范性项目。

在培养过程中,我们从国家战略需求、学校发展需求和教师岗位需求出发,积极探索实践以"五个突出"为培养导向,以"四双""五化"为培养模式的基础教育高端人才培养路径。其中"五个突出":一是突出培养总目标。准确把握目标定位,所有培养工作紧紧围绕打造教育家型名师名校长而努力。二是突出培养主题任务。2017年重点搞好"基础性研修",2018年重点突出"实践性研修",2019年重点突出"个性化研修",2020年重点抓好"辐射性研修"。三是突出凝练教学主张(办学思想)。引导培养对象对自身教学实践经验(办学治校实践)进行总结、提炼、升华,用先进科学理论加以审视、反思、解析,逐步凝练形成富含思想和实践价值、具有鲜明个性的教学主张(办学思想)。四是突出培养人选的影响力与显示度。组织参加高端学术活动,参与送培送教、定点帮扶服务活动,扩大名师名校长影响。五是突出研究成果生成。坚持研训一体,力促培养人选出好成果,出高水平的成果。

"四双":一是双基地培养。以福建教育学院为主基地,联合省外高校、知名教师研修机构开展联合培养、高端研修、观摩学习。二是双导师指导。按照理论联系实际原则,为每位培养人选配备学术和实践双导师。三是双渠道交流。参加省内外及境外高端学术交流活动,积极承办高水平的教学研讨活动,了解教育前沿情况,追踪改革发展趋势。四是双岗位示范。培养人选立足本校教学岗位,同时到培训实践基地见学实践、参加送培(教)活动。

"五化":一是体系化培养。形成"需求分析—目标确定—方案设计—组织实施—效果评估"的培养链路,提高培养专业化、精细化、科学化水平。二是高端化培养。重视搭建高端研修平台,采取组织培养人选到全国名校跟岗学习、参加国内高层次学术会议和高峰论坛、承担省级师训干训教学任务等形式,引领推动名师名校长快速成长。三是主题化培养。每次集中研修,都做到主题鲜明、内容聚焦,坚持问题导向和结果导向,努力提升培养的针对性和实效性。四是课题化培养。组织培养对象人人开展高级别课题研究,以提升理性思维、学术素养和科研水平,实现从知识传授型向研究型、从经验型向专家型的转变。五是个性化培养。坚持把凝练教学主张(办学思想)作为个性化培养的核心抓手,引导培养人选提炼形成系统的、深刻的、清晰的教育教学"个人理论"。

通过三年来的艰苦努力,名师名校长培养工作取得了显著成效,积累了丰硕成果,达到了预期目标。名校长培养人选队伍立志有为、立德高远的教育胸襟进一步树立,办学理念、政策水平和管理能力进一步提升,立功存范、立论树典的实践引领能力进一步提高,努力实现名在信念坚定、名在思想引领、名在实践创新、名在社会担当。名师培养人选坚持德育为先、育人第一的教育思想进一步树立,教书育人责任感、使命感和团队精神进一步强化,教育理论素养进一步提升,先进教育理念进一步彰显,教育教学实践和创新能力进一步增强,独特教学风格和教学主张逐步形成,教育科研和教学实践均取得了丰硕成果。一是专项研究深。围绕教学主张或教学模式出版了 38 部专著。二是成果级别高。84 位名校长人选主持课题 130 项,其中国家级 6 项;发表 CN 论文 239 篇,其中核心 16 篇;53 位名师培养人选主持省厅级及以上课题 108 项,其中国家级 7 项;发表 CN 论文 261 篇,其中核心 81 篇。三是奖项层次高。3 位获 2018 年教育部基础教育国家级教学成果奖二等奖;15 人获得 2017 年、2018 年福建省基础教育教学成果奖,其中特等奖 3 位、一等奖 7 位、二等奖 5 位;1 位评上国家级"万人计划"教学名师;34 位培养人选评上正高级职称教师;13 位获"特级教师"称号;2 位获"福建省优秀教师"称号。四是辐射引领广。开设市级及以上公开课、示范课 203 节;开设市级及以上专题讲座 696 场;参加长汀帮扶等"送培下乡"活动 239 场次;指导培养青年骨干教师 442 人。

教育是心灵的沟通,灵魂的交融,思想的碰撞,人格的对话,名师名校长应该成为教育的思想者。在我省名师名校长培养对象即将完成培养期时，福建教育学院培养基地组织他们把自己的教学（办学）思想以著作的形式呈现给大家，并资助出版了"福建省'十三五'名校长丛书""福建省'十三五'名师丛书"，目的就是要引领我省中小学教师进一步探究教育教学本质，引领我省中小学校长进一步探究办学治校的规律，使名师名校长培养对象成为新时代引领我省教师奋进的航标，成为办人民满意教育的先行者。结束，是下一阶段旅程的开始，希望我省名师名校长培养对象不忘立德树人初心，牢记为党育人、为国育才使命，积极投身新时代新福建建设，为福建教育高质量发展再建新功。是为序。

福建教育学院党委书记、教授、博士

郭春芳

2020 年 8 月

◎ 前　言

　　新课程改革已经走过了 20 个年头,虽然超越了传统的诸多新课程理念,如目标多元、尊重差异、重视过程等,得到了老师们的积极响应,课堂也因此呈现出百花齐放的局面,但在大量的日常教学中,我们不难发现在一些数学课堂上,老师们一味追求理念上的创新、形式上的多样,使课堂变得繁杂、臃肿、低效,常常导致严重拖课现象。

　　简约化是数学课堂教学的一种理念、一种策略。构建简约化数学课堂,不仅能将复杂的数学知识教得简单,还能提高课堂教学效率,使课程改革之路越走越宽广。

　　余文森教授认为:"一个优秀教师可能经验丰富、教学有方;可能'著作'等身,论文不少;可能挂上了高级教师、特级教师的头衔,获得了各种荣誉。但是缺乏自己的教学主张,从专业上讲,到头来他也许还是一个'无家'可归的'流浪汉''门外汉'。"作为福建省"十三五"中小学数学名师培养人选,笔者着力提倡构建简约化数学教学,并基于当前数学课堂教学现状及近 30 年的教学经验,提出了"简约化数学教学"的主张。

　　本书较为系统地总结了围绕简约化数学教学这一主题所展开的思考和课堂实践。全书共四章:第一章简约化数学教学的诠释,介绍了简约化数学教学的背景意义,解读了简约化数学教学的概念,分析了简约化数学教学的形式特征;第二章从生本教学观、生本教育观、做一个有教学主张的教师三个方面讲述了简约化数学教学的人文价值;第三章结合教材具体实例分析课本例习题的变式,论述了怎样进行教材的简约化创新使用;第四章是本书的重点内容,借助具体案例,较为详尽地剖析了简约化数学导学课、概念课、练习课、活动课、复习课、讲评课六类教学课型的教学策略及基本途径。

　　本书运用了大量笔者在课堂教学实践中的具体做法,鲜活课例及对例习题的思考、点评等,阐述了关于简约化数学教学的理念及主张,强调"简约而不简单"的实质是对教师的要求非但没有降低反而还更高了。因为简约化数学教学要求教师能够用简单的素材、简单的手段、简易的教学流程实施高效的课堂教学,努力追求一种"简约而不简单"的教学境界。本书对促进教师树立正确的数学教育观念、科学合理地开展数学教学活动具有一定的参考价值及借鉴启迪作用。

　　达完美而难得,臻至善为吾求。对于本书的撰写,尽管已经尽心尽力,但限于水平,其中不当之处在所难免,恳请同仁不吝赐教,以便今后改进提高。

陈惠增

2020 年 5 月

目　录
CONTENTS

第一章

简约化数学教学的诠释

第一节　简约化数学教学的背景意义

孔子曰:"君子务本,本立而道生。"老子曰:"少则得,多则惑。"庄子曰:"文灭质,博溺心。"孟子曰:"言近而指远者,善言也,守约而施博者,善道也。"苏轼说:"博观而约取,厚积而薄发。"陶行知语"凡做一事,要用最简单、最省力、最省钱、最省时的法子,去收最大的效果"。

1897 年,意大利经济学者帕累托偶然注意到 19 世纪英国人的财富和收益模式,而后他又基于大量研究发现,社会上 20％的人占有 80％的社会财富。这一微妙而又稳定的比例关系同样适用于社会生活的方方面面。人们把这一发现命名为"帕累托定律"或"二八定律"。它对教学的提示是:教学要抓住核心内容和关键环节,把 80％的资源集中在 20％的内容上,以达到事半功倍的效果。美国教育家布鲁纳认为,学习一门学科的关键在于理解并掌握处于核心地位的基本概念、原理、态度和方法,要以精巧的结构揭示知识间的意义联系。相应的教学原则是动机原则、结构原则、程序原则、强化原则。这一切都很好地体现了简约化教学的基本原理。

从古至今,智者身上无不闪耀着简约化的思想光辉。面对中世纪的烦琐哲学,14 世纪,英国的逻辑学家、"无敌博士"奥卡姆坚定地主张:切勿浪费较多的东西,去做本可用较少的东西能做好的事,提出了"如无必要,勿增实体"的命题。此命题逐渐演变成著名的"奥卡姆剃刀",主张像用剃须刀剃胡子一样,把那些空洞的概念和无用的内容统统去掉!"奥卡姆剃刀"

有力地助推了文艺复兴,也渐成科研的方法论基础和美学标准。作为教师的我们也特别需要借助"奥卡姆剃刀"!

我国 2000 年进行的第八次基础教育课程改革(简称新课改),政府和教育部门调动中小学校、高等院校、研究机构投身其中,取得了很多改革成果和有益经验,同时也面临着一些困难和挑战,可以说是喜忧参半。2014年,国家以全面深化课程改革作为新时代落实立德树人根本任务的标志性工程,组织研究中国学生核心素养发展框架体系,把培育学生核心素养作为基础教育课程改革新的目标追求。在全面深化课程改革的大势之下,课堂教学改进项目应运而生。

时至今日,课程改革已经走过了 20 年,但是教学的现状并不尽如人意,虽然新课改中超越传统的诸多新课程理念,如目标多元、重视过程、讲求合作、关注体验等,得到了教师们的积极响应,也给数学课堂带来了勃勃生机,但在大量的日常教学研究中,我们常常会看到这样一些数学课堂现象:教学时间紧促,一节课 45 分钟不够用,到最后要么仓促收兵,要么严重拖课;教学内容繁杂,容量大,节奏快,零乱无序失却章法;教学结构散乱,各环节教学的重点不清晰,目标不明确,缺乏应有的层次和教学节奏;教学调控不力,缺乏深度,缺乏灵动,缺乏艺术性;教学效果差,教学内容繁杂、臃肿中显现出肤浅、低效,教师教得辛苦,学生学得疲惫;等等。

根据目前初中数学的教学现状,结合时代培养具有全面素养的人才的要求,现有的义务教育初中阶段的数学课堂应该明确,要培养什么样的数学人,怎样培养新时代的数学人。基于从教近 30 年的课堂教学经验及长期以来的课题研究,笔者提出了"简约化数学教学"的主张。

第二节　简约化数学教学的概念解读

一、简约化数学教学的概念

简约化教学相对于烦琐化教学,是精简教学,能以简取繁、以舍求得。相对于过度教学,它是适度教学,能遵循规律、适可而止;相对于刻板教学,它是灵性教学,能顺其自然、引发顿悟;相对于低效教学,它是高效教学,能整合优化、重点突破;相对于应试教学,它是智慧教学,能彰显主体力量、关注长远发展! 可见,简约化教学是基于学生已有的知识经验,顺应认知规律,通过删繁就简、由博返约的处理,最终使教学走向优质高效的形态。

简约化数学教学是在简约化教学的理念下,适用于数学教学的一种主张,即适合学生的认知水平与结构,在数学课堂教学中展开,追求教学内容上的精、教学结构上的简、教学方法上的活、教学过程中的实、教学效果上的真。简单地说,简约化数学教学是崇尚简单、不甘平庸的数学教学! 要实施简约化数学教学,教师就不仅要问"该做什么",还要清楚地回答"不做什么",要能体现出形态上的简单、智慧上的灵动、内涵上的丰盈。这就要挥舞"奥卡姆剃刀",去除无效的教学环节、多余的教学程序、繁杂的教学内容、笨拙的教学结构、无用的教学活动,让学生更好地掌握数学知识、方法、思想,达到培养学生的数学素养与能力的目的。

二、简约化数学教学的概念内涵解读

简约化数学教学是指数学教学中要遵循简约化的原则,体现简约化的要求,凸显简约化的风格,追求"简约而不简单"的境界。教学作为一个生态系统,既涉及教师如何教、教什么,学生如何学、学什么,也涉及教和学的相互关系、必要的环境、设施设备等,还涉及更为上位的教学目标定位、教学价值等。因而,对简约化数学教学进行界定,既要综合对各种数学教学要素的考虑和把握,又要实现一种整体性的意义建构。

按照对简约化数学教学概念的理解和实践,所谓简约化数学教学,是指对数学课堂教学的目标、结构安排、素材选择、情境创设、媒体使用、语言以及活动组织等教学要素的精确把握和简约妙用,使数学课堂变得更为简洁、清晰、流畅、凝练、深刻,进而实现数学课堂教学的优质和高效,最终实现学生数学基础学力的发展、数学素养的提升、健全人格的生成。

三、简约化数学教学的理论支撑

布鲁纳认为,任何学科的内容都可以用更为经济、富有活力的简约方法表达出来,从而使学习者易于掌握。巴班斯基的"教学过程最优化理论",要求教师遵循规律、考虑条件、选择方案、调控活动、取得实效,以优化教学。维果茨基的"最近发展区理论"认为,教学要善于把握"最近发展区",清晰地界定儿童发展的两种水平:一是儿童已达到的水平,二是儿童可能达到的水平,使教学走在发展的前面。上述观点都有力地支持了简约化教学。

20世纪初,格式塔心理学派在德国产生。格式塔心理学认为学习过程并非知识的简单堆砌,而是整体顿悟。教师要特别善于提供关联性强的关键碎片,帮助学生通过闭合作用,主动建构起真、善、美、妙的"格式塔"。所以,简约化数学教学特别关注旧经验的顿然重组,新经验的豁然形成!

简约化数学教学善用注意力的"十分钟法则"。该法则是上海师范大学黎加厚教授提出的,已成为"微课"长度宜控制在十分钟以内的重要依据。明智的教师,都争取在教学开始后的最初10分钟,充分吸引学生的注意力,使学生基本掌握教学的内容框架和核心概念,然后再深入细化。而烦琐化教学往往在上课之初,不是单刀直入或快捷引入,而是天花乱坠地做冗繁的引入,让学生如坠层层迷雾,错过了最佳的教学时间!

四、简约化数学教学的原则

(一)简约性原则

科学界有个著名的"简单性原则"。从奥卡姆的简单性思想(奥卡姆剃刀),到牛顿的简单性科学思维,再到马赫的"思维经济"原理,直到爱因斯坦的相关论述,"简单性原则"成为公认的真理性标志和美学基础。所谓"简单性原则",是指在构建科学理论时,要以尽可能少的假说或公理,涵盖尽可能多的经验事实。若有两个理论效果相同,就要首选简单者! 爱因斯坦信奉"简单性原则",认为:"逻辑简单的东西,当然不一定是物理上真实的东西。但是,物理上真实的东西,一定是逻辑上简单的东西。"海森堡确信,"简单性原则"追求的是科学"固有的信仰",因为,简单性原则是真与美、道与法的和谐统一。

研究教学的简约特性,得从数学的特点和本质开始。关于数学的特点,人们普遍认同亚历山大洛夫的"三性"提法:"对数学只用很肤浅的知识就能容易地觉察到数学的这些特征,第一是抽象性;第二是精确性;最后是广泛应用性。"所谓抽象性,就是要"保持量的关系和空间形式而舍弃其他一切",这一过程自然是一个不断简化、不断提取核心要素的过程,也就是简约化的过程。所谓精确性,按照亚历山大洛夫的理解,就是"逻辑的严格性以及它的结论的确定性",精确性往往来自数学证明、运算、推理的精密性,而数学证明、运算、推理的过程大多是运用数学符号语言来表达的,其过程的简约化是不言而明的。所谓广泛应用性,是指数学无处不在、无处不用。数学的简约特性也就是指数学内在本质和外表特征中都蕴含的"简单而丰富,简练而深刻"的特有品质。这种品质带给人们一种特别的美感,那就是体现数学"简单性"的简洁美。

追求完美的数学境界是数学思维的一个特点。可以说,数学的简约特性是人们在追求完美的数学境界过程中的一个重要表现。这种特性之于数学而言,是那么的鲜明和独特,乃至成为数学相对于其他学科最具本质的"标志性"区别。它不仅让数学美丽,还具有强大的文化力量。所以,数学教学过程应当遵循"简约性原则"。

（二）学科性原则

它体现数学的理性思维,特别是"数学思维可视化",是简约化教学的重要策略。"思维可视化"是简约化数学教学的重要策略,不仅体现为数学思维的形象化,更体现为思维的概括化和建构化,从而使抽象变形象,使复杂变简单,使零碎变完整,从而能超越许多语言的障碍,从浅层学习走向深层学习。大脑以分类和联系的方式储存信息,信息存储在神经元的树突上。据此,英国心理学家和教育家托尼·布赞发明了"思维导图",把主题放在中央,向周围逐级分枝,形成知识结构图,体现着知识的分类与联系。"思维导图"简直是"冰冷的美丽"与"火热的思考"的和谐统一! 因此,要尽量多利用思维导图、流程图、树状图、括号图、模型图、鱼骨图等图式,揭示知识的内在联系,增强教学的思维含量。

（三）教育性原则

简约化数学教学在强调学科性的同时,也十分注重教育性,教育本身就是一种生活——教育生活,教育也是一门艺术——教育艺术,将简约在生活和艺术中的意义精髓引申到教育领域,并赋予其以教育学意义,是对简约内涵的丰富和扩展,是对教育研究视角的拓宽。教育中的简约,既是一种思想,又是一种策略,其本质就是要遵循教育规律和人的全面发展规律,追求用最简约的教学来实现最大效益的育人功能。而数学的简约美、简洁美、对称美,更是引领学生在数学学习之旅中欣赏美、享受美,最终得到教育美。

(四)互动性原则

数学课堂是教师的主导与学生主体地位的生本课堂,教师在其中发挥重要的中介作用。很显然,强调教师在数学教学中的主导作用,让学生用数学的方式来学习数学并形成数学思维,和简约化数学教学的核心要义是相一致的。往深处思考,数学思维本身是和数学的抽象性、数学建构等相联系的,要让学生的数学思维得到进一步发展,就有必要简化教学程序并凸显数学思维方式、方法的训练,让学生获得丰富的数学活动经验,受到数学思想方法的启迪,让数学思维方式、方法在内心深处"扎根""生长",成为学生数学学习的自觉力量。在这样的意义上,我们也可以看出,简约化数学教学是在凸显数学学科本质和教学规律的基础上,充分显现教师个人的独特风格和教育理解,彰显学生的学习活力,促进学生的主动发展。因而,我们也可以说,简约化数学教学实质上是以"简约"的教学艺术达到数学教学(教育)本质目标的教学。简约化数学教学就是要营造一种师生"生命在场"的课堂,彰显教学育人的精神力量的课堂。

第三节　简约化数学教学的形式特征

简约化数学课堂追求的是从繁复(或从过于简单)走向简约,并从简约抵达丰富的课堂。如果说简约化是从目标到环节、从方法到语言都不枝不蔓、干干净净,那么,丰富就是指在教学过程中所呈现的思想的张力、思维的张力、情感的张力、文化的张力以及师生智慧的张力。换言之,简约化数学课堂除了让我们可以用心感受和品味到一种丰富而深刻的思想力量、文化力量外,其形式特征更容易被触摸到。

简约化数学课堂具有这样的一些形式特征:教学目标简明、基于教材、立足学情、有的放矢;教学结构简化明晰、层层递进、环环相扣;教学内容简约自然、少而精当;教学情境简洁激趣、彰显智慧;教学媒体简练实用、直观高效、教学语言简朴有效、言简意赅。

一、教学目标简约化

教学目标要简明，一语为重百金轻。时下有些课的教学目标制定不切合实际，面面俱到，从双基到情感、从能力培养到思想教育、从创新精神到实践能力……可谓林林总总，一网打尽。一节课的目标果真有这么多，都能实现吗？毕竟一节课只有 45 分钟！其实一节课的基本目标就是三维目标：知识与技能，过程与方法，情感、态度与价值观，这三者是和谐统一、不可割裂的，而第三个目标又是隐性的，所以真正形成书面文字的时候，只要描述前面两个目标，情感目标其实是渗透于其中的，无须言传只要意会即可。教学目标的拟定应该"简洁明了、实实在在、易于达成、便于反馈"，力争使每一个目标都实在、具体、明晰，从而利教、利学、利评。因此，一节数学课的教学目标应以数学知识、技能为载体，以数学思想、方法为线索，渗透情感、态度和价值观的教育。只有在正确理解教学内容的基础上，才能制定出恰当的教学目标。

课堂教学目标表述方式：以内容为载体，在掌握知识技能的过程中领会数学基本思想、积累基本活动经验、发展"四能"。具体为通过（经历）X，能（会）Y，发展（提高、体会）Z。其中 X 表示数学活动过程，Y 表示应会解决的问题（显性目标，主要是指具体知识、技能目标），Z 表示数学思想和方法、数学关键能力（隐性目标）。常见教学目标的三种类型：第 1 种类型，是按照所有课程的"三维目标"而设计的"知识与技能，过程与方法，情感、态度与价值观"的教学目标；第 2 种类型，是按照数学课程目标"四个方面"而设计的"知识技能、数学思考、问题解决、情感态度"的教学目标；第 3 种类型，是在理解"三维目标"和"四个方面"的基础上，直接表述的教学目标。

当前，教学目标的制定中存在的最大问题是混淆课程目标和课堂教学目标的关系，课堂教学目标不简约、不明确、难落实。请看如下"平面直角坐标系（1）"的教学目标：

1. 知识与技能
（1）理解有序数对的应用意义；
（2）能利用有序数对来表示点的位置。
2. 过程与方法
通过学习如何确定位置，提高学生解决问题的能力，发展学生的形象思维能力与数形结合意识。

3. 情感、态度与价值观

明确数学理论来源于实践,反过来又能指导实践,数与形是可以相互转化的,进一步发展学生的辩证唯物主义思想,培养学生用数学的意识,激发学生的学习兴趣。

三维目标是课程目标而不是课堂教学目标。三维目标具有内在统一性,都指向人的发展,它们交融互进。知识与技能只有在学生独立思考、大胆批判和实践运用中,才能实现知识的意义建构;情感、态度与价值观只有伴随着学生对数学知识技能的反思、批判与运用,才能得到升华;过程与方法只有学生以积极的情感、态度为动力,以知识与技能目标为适用对象,才能体现它的存在价值。又如以下"平面直角坐标系(1)"的另一种教学目标:

1. 教学目标

(1)会用有序数对表示物体的位置;

(2)结合用有序数对表示物体的位置,体会数形结合的思想。

2. 目标解析

目标(1)解析:学生能在实际生活情境中,用一个有序数对来表示一个物体的位置,感受有序数对在确定物体位置中的作用,体会有序数对中两个数顺序的重要性。

目标(2)解析:学生能体会用有序数对表示物体的位置是将数与形建立了联系。

上述的这种课堂教学目标指明是学生通过"在实际生活情境中,用一个有序数对来表示一个物体的位置"的教学活动,达到"用有序数对表示物体位置"的教学目标。这样简明的课堂教学目标真正能为教学指明方向。

在实际教学过程中,目标不可能在短时间内实现,因此在数学教学过程中,教学目标要尽可能做到高效和优质,这样才能提升学生的数学能力。实际上,在开展数学课堂教学过程中,教师应该对学生的实际情况进行分析,这样才能相应地制定简洁、明了的教学目标,在最大程度上对学生进行引导和帮助,最终实现预定的教学目标。但是在对教学目标进行设定的过程中,也不能将目标设定过多。比如在"平面直角坐标系"教学过程中,教师应将其主要的内容设定为教学目标之一,而对于教材中"有序数对"和"一一对应"等知识点,教师应适当地引导学生对该知识点进行复习,并在之后的教学环节中将其深化,这样对于学生深入地掌握该知识将起到十分重要的作用。

教学目标是课堂的灯塔,是教学的方向,所以教学目标的设置必须简约、易操作、能完成、有效果。设置教学目标,必须研读《义务教育数学课程标准(2011 年版)》,领会教材意图,考虑学生的接受能力。在"知识与能力,过程与方法,情感、态度与价值观"三个维度上,要有机地融合,一节课重点解决一个或两个知识点,简洁、明确、一目了然,不追求在某一方面的过度深化,也不忽略三维中的任何一个维度。

二、教学结构简约化

在确定了教学目标之后,就要注意把相关的教学内容组织成一个精巧的结构。一个具备数学素养的教师,可以用几个关键词来统摄一节数学课的内容。许多时候,数学教学缺乏节奏,是教师思路尚未理清、尚未形成优美的结构造成的! 板块化是结构简约化的常用策略。所谓"板块化",就是把教学内容组织成相对独立的几个板块,每个板块都有其良好结构,可以根据需要,自由调整板块的先后顺序,这样的教学富有弹性,为节奏化提供了很大的回旋空间,具有很强的应变性。而线性固化的教学流程,只要一个小小的教学意外,就足以打乱整个教学节奏。所以,数学教师一定要善于锤炼简洁的数学思维、打造精致的板块、塑造直观的形象、突破关键的环节、筛选典型的例题、营造轻松的氛围。要尽量多利用思维导图一类的图式,揭示知识的内在联系。要变抽象为形象,变复杂为简单,变零散为完整,变混乱为有序,从而超越理解上的障碍,把数学教学推向深入。

在日常的数学课堂上常常会见到这样的一种现象:教学某环节设计是混乱无序的。请看如下"分式的基本性质(1)"的教学过程片段:

环节二、探索新知

问题 5　类比分数的基本性质,你能猜猜分式有什么性质吗?

分式的基本性质:分式的分子与分母乘(或除以)同一个不等于 0 的整式,分式的值不变。(板书)

追问 1:如何用式子表示分式的基本性质?

$\dfrac{A}{B}=\dfrac{A\cdot C}{B\cdot C},\dfrac{A}{B}=\dfrac{A\div C}{B\div C}(C\neq 0)$，其中 A,B,C 是整式。（板书）

追问2：应用分式的基本性质时需要注意什么？

(1)分子、分母必须同乘或同除；

(2)同乘或同除的必须是同一个整式；

(3)同乘或同除的整式不等于零(分母不为零是隐含条件)。

课堂练习

练习1　下列变形是否正确？如果正确,说出是如何变形的；如果不正确,说明理由。

$(1)\dfrac{x}{2x}=\dfrac{1}{2}$，$(2)\dfrac{1}{2}=\dfrac{x}{2x}$，$(3)\dfrac{x}{x+1}=\dfrac{x^2}{x+1}$，$(4)\dfrac{x^2-y^2}{x+y}=x+y$，

$(5)\dfrac{x^2-y^2}{x-y}=x+y$。

环节三、运用新知

例1　填空：

$(1)\dfrac{x^3}{xy}=\dfrac{(\quad)}{y}$；$(2)\dfrac{3x^2+3xy}{6x^2}=\dfrac{x+y}{(\quad)}$；$(3)\dfrac{y+2}{y^2-4}=\dfrac{1}{(\quad)}$。

问题6　观察上例中(1)(2)中的两个分式在变形前后的分子、分母有什么变化？类比分数的相应变形,你联想到什么？

(1)像这样,根据分式的基本性质,把一个分式的分子与分母的公因式约去,叫作分式的约分。

经过约分后的分式 $\dfrac{x^2}{y},\dfrac{x+y}{2x},\dfrac{1}{y-2}$，其分子与分母没有公因式。

(2)像这样分子与分母没有公因式的式子,叫作最简分式。

课堂练习

练习2　下列分式中,是最简分式的是 _____（填序号）。

$(1)\dfrac{x^3}{3x}$；$(2)\dfrac{x+y}{2x}$；$(3)\dfrac{c}{c^2+7c}$；$(4)\dfrac{x+y}{x^2+y^2}$；$(5)\dfrac{x+y}{x^2-y^2}$。

练习3　填空：

$(1)\dfrac{9mn^2}{36n^3}=\dfrac{m}{(\quad)}$；$(2)\dfrac{x^2+xy}{x^2}=\dfrac{x+y}{(\quad)}$；$(3)\dfrac{(y+2)^2}{y^2-4}=\dfrac{y+2}{(\quad)}$。

上述的教学过程环节二"探索新知"与环节三"运用新知"两个环节的结构设置不合理、不简约。如果从环节二"探索新知"的问题5中得到分式

的基本性质,再应用分式的基本性质进行分式的变形(如练习1),接着再用分式的基本性质对练习2中的分式的分子、分母的变化规律进行探究,最后讲解例1的填空,引出分式的约分概念,这样条理更清晰,结构更有序。请看如下改变的教学过程片段:

环节二、探索新知

练习1 下列变形是否正确? 如果正确,说出是如何变形的;如果不正确,说明理由。

$(1)\dfrac{x}{2x}=\dfrac{1}{2}$,$(2)\dfrac{1}{2}=\dfrac{x}{2x}$,$(3)\dfrac{x}{x+1}=\dfrac{x^2}{x+1}$,$(4)\dfrac{x^2-y^2}{x+y}=x+y$,

$(5)\dfrac{x^2-y^2}{x-y}=x+y$。

【设计意图】让学生弄清利用分式的基本性质可对分式进行不同的变形。

练习2 不改变分式的值,使下列分子与分母都不含负号:

$(1)\dfrac{-3x}{-4y}$,$(2)\dfrac{-3x}{4y}$,$(3)\dfrac{3x}{-4y}$,$(4)-\dfrac{-3x}{4y}$。

【设计意图】让学生弄清分式的基本性质和有理数除法法则在处理分式的符号问题中的作用。

归纳:$\dfrac{A}{B}=-\dfrac{-A}{B}=-\dfrac{A}{-B}=\dfrac{-A}{-B}$。

例1 填空:

$(1)\dfrac{x^3}{xy}=\dfrac{(\quad\quad)}{y}$;$(2)\dfrac{3x^2+3xy}{6x^2}=\dfrac{x+y}{(\quad\quad)}$。

$(3)\dfrac{1}{ab}=\dfrac{(\quad\quad)}{a^2b}$;$(4)\dfrac{2a-b}{a^2}=\dfrac{(\quad\quad)}{a^2b}(b\neq0)$。

问题:从例1中的(1)(2)(3)三个小题可以看出分母如何变化吗? 由此可知分子应如何变化吗?

追问:结合例题1及分数知识想一想分式的基本性质的用途。

【设计意图】让学生清楚认识分式的基本性质的用途,以及如何从所给的已知条件中弄清式子变化的规律。

像这样,根据分式的基本性质,把一个分式的分子与分母的公因式约去,叫作分式的约分。

环节三、运用新知

练习3 填空:

$(1)\dfrac{9mn^2}{36n^3}=\dfrac{m}{(\quad)}$;$(2)\dfrac{x^2+xy}{x^2}=\dfrac{x+y}{(\quad)}$;$(3)\dfrac{(y+2)^2}{y^2-4}=\dfrac{y+2}{(\quad)}$。

分析:(1)本题的目标是什么?(分式化简)用什么方法实现这个目标?(约分)

(2)约分的关键是什么?(找公因式)

(3)分式的分子或分母是多项式时,怎样确定分子、分母的公因式?

(先分解因式,再找分子和分母的公因式)

师生共同完成后归纳:

(1)如何找公因式?公因式有几种形式?

(分子、分母的系数的最大公约数和都含有的字母及多项式的最低次幂的乘积都是公因式,公因式可以是数、单项式、多项式。)

(2)约分的结果是整式,也可以是分式。

【设计意图】让学生了解用分式的基本性质对分式进行约分的关键点。

经过约分后的分式$\dfrac{x^2}{y}$,$\dfrac{x+y}{2x}$,$\dfrac{m}{4n}$,其分子与分母没有公因式。

(3)像这样分子与分母没有公因式的式子,叫作最简分式。

(4)请你归纳出应用分式的基本性质进行约分时需要注意什么。

①分子、分母必须同乘或同除;

②同乘或同除的必须是同一个整式;

③同乘或同除的整式不等于零(分母不为零是隐含条件)。

【设计意图】让学生弄清分式的基本性质的内在本质和应用环境。

如上改变后的教学过程,"运用新知"环节更明确的是在固化新知应用的基础上,突出应用分式基本性质约分时的注意问题,及从分式化简最终的结果形成,自然引出了最简分式的概念。

简约化的数学课堂教学环节具有明确的目的性,所以必须精心设计相应的教学环节,在每一个教学环节中,使学生有充分的时间进行探索、交流,而且活动环节要注意层次性,力求根据学生的学习需求,引导学生拾级而上,逐步理解数学知识的本质。简约化的课堂教学结构不仅能让学生更有条理、更清晰地掌握知识,也能培养学生整体结构感,给学生一种结构化的熏染。请看如下"2.1整式(第1课时)"的教学过程片段:

环节一、复习回顾

问题1　阅读章前言及本章的目录

(1)阅读章前言内容：举世瞩目的青藏铁路于 2006 年 7 月 1 日建成通车，实现了几代中国人梦寐以求的愿望。青藏铁路是世界上海拔最高、线路最长的高原铁路。(展示图片)

【设计意图】通过展示图片，吸引学生注意力，激发学生的民族自豪感，引出下面的问题，同时培养学生阅读章前言的习惯。

(2)青藏铁路线上，在格尔木到拉萨之间有一段很长的冻土地段。列车在冻土地段、非冻土地段的行驶速度分别是 100 km/h 和 120 km/h，请根据这些数据回答下列问题：

①列车在冻土地段行驶时，2 h 行驶的路程是多少？3 h 呢？t h 呢？

②在西宁到拉萨路段，列车通过非冻土地段所需时间是通过冻土地段所需时间的 2.1 倍，如果通过冻土地段需要 t h，能用含 t 的式子表示这段铁路的全长吗？

③在格尔木到拉萨路段，列车通过冻土地段比通过非冻土地段多用 0.5 h，如果通过冻土地段需要 u h，则这段铁路的全长可以怎样表示？冻土地段与非冻土地段相差多少千米？

在小学，我们学过用字母表示数，知道可以用字母或含有字母的式子表示数和数量关系，这样的式子在数学中有重要作用。在本章，我们将学习整式及其加减运算，进一步认识含有字母的数学式子，并为一元一次方程等后续内容的学习打下基础。

【设计意图】这个环节中(2)的三个问题，①是第 2.1 节的引入问题，②是第 2.2 节合并同类项的引入问题，③是第 2.2 节去括号的引入问题。通过阅读第二章"整式的加减"及目录"2.1 整式与 2.2 整式的加减"，明确本章学习的内容及整体结构。如图 1-3-1。

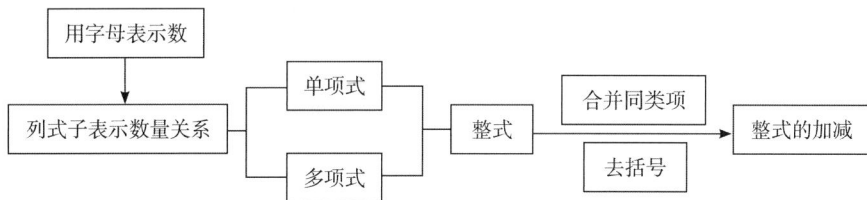

图 1-3-1

......

环节六、课后反馈

思考题:通过后续的"自学"尝试完成章前言的问题(同上)。

【设计意图】思考题是第 2.2 节合并同类项与去括号的引入问题,设置这个问题的目的是真正让学生用"先行组织者"的策略尝试着学习,使学生从"学会"到"会学"。

在上面的教学环节一"复习回顾"与环节六"课后反馈"两个环节中,前呼后应让学生整体把握本章的知识结构,学得轻松、牢固,这样能培养学生整体建构知识的能力。

追求数学课堂教学的结构,必然要求数学教师要有结构化的思维。首先,课堂教学的结构化,使得那些与结构无关的多余环节、无效的程序被合理地删除,课堂变得宽松,教学变得从容,学生也赢得了更多独立学习和思考的时间和空间。

其次,课堂结构是学科知识结构和数学思维结构的有机整合。从每一节课的结构化到每一单元的结构化,再到一学期的结构化,促使学生从整体上把握知识间的内在联系,"捡的砖头"都"轻松地砌成了房",学生在"学会"的过程中变得"会学"和"乐学"。这样的学习是有意义的建构学习,也是轻负担的高效学习。

再次,在结构化课堂的长期熏陶、体验、感悟下,学生的立体化、结构化的思维会得到长足发展,这有利于学生形成整体建构的意识和能力,由此衍生开来,还会使他在生活中逐步学会用整体、联系的眼光看待事物,解决实际问题。北京师范大学教育学院教授肖川说:"学习的方式就是人的存在方式。"从这一点来看,教学结构的深层意义是培育结构化思维,结构化思维的培养具有深远的意义。

最后,结构化教学对教师提出了很高的要求。大到对整个教学体系知识间的系统把握,对不同阶段学生掌握知识、形成能力的要求的理解,小到一节课知识间的相互联系,一个小小习题的设置价值,都要清楚明白。唯有这样,我们在组织教学时,才能抓住知识的本质,找准"结构"的结点,删繁就简,让数学课堂充满张力。

总的说来,教学策划实际上是对整个教学运行的前期规划,教学目标是课堂教学之"灵魂",教材研读是课堂教学之"基础",教学结构是课堂教学之"骨架",教学内容是课堂教学之"血肉",教学情境是课堂教学之"底色"。只有对这些要素都做到精确把握和经济妙用,才能在真正意义上为简约化数学教学做好准备。

三、教学内容简约化

明确了教学目标、教学结构后,就要对教学内容进行具体设计,而教学内容设计的关键在于教材素材的选取,一定要通过恰当取舍和巧妙加工,达到内容上的简约。教学过程,不能无视长时记忆与短时记忆的规律。美国心理学家乔治·米勒教授发现,人的短时记忆的容量为 7 ± 2 个组块,十分有限,稍不小心就会出现超载而妨碍学习。怎么办?基本的途径有两种,分别是压缩内容与巧设组块。内容压缩后,如果一个组块只是简单信息,照样容易出现短时记忆的超载。如果能根据一定的线索,把一组信息巧妙地组织成一个单元,那么,这个单元照样只占一个组块位,就能有效减轻短时记忆的负担。一节课最多也就 45 分钟,教师更应该注意精选教学内容,并形成有限的优质组块,以适应认知规律。可见,内容的简约能为教学节奏化争取到宝贵的时间。

在现行的数学课堂教学中,老师觉得学生有"吃不饱"的现象,特别是一些数学概念课,因此在这些课堂上,老师常补充一些与数学概念相关的教学内容。请阅读表 1-3-1"圆(第 1 节)"的教学过程片段。

表 1-3-1　圆(第 1 节)教学过程片段

教学环节	教学内容	教师活动	学生活动	设计意图
一、探索活动	用不同方法画圆,体验圆的形成过程,用语言描述圆的定义:在一个平面内,线段 OA 绕它固定的一个端点 O 旋转一周,另一个端点 A 所形成的图形叫作圆;圆心、半径、圆的表示方法	播放动画再现圆的形成过程,在学生归纳圆的定义的基础上,加以规范,共同得出结论	选派学生借助提供素材画出圆,其他学生用圆规边体验画圆的过程,边思考如何描述圆的形成过程	结合学生已有的画圆经验,通过实际操作和观察,有利于学生发现圆的形成过程,归纳圆的定义。学生借助语言描述从对圆的直观形象认识上升为理性思考

续表

教学环节	教学内容	教师活动	学生活动	设计意图
二、观察思考	①圆上各点到定点(圆心 O)的距离都等于定长(半径 r)。②到定点的距离等于定长的点都在同一个圆上。圆心为 O、半径为 r 的圆可以看成是所有点的集合	师问:根据以上定义,"圆"是指"圆周"还是"圆面"?用"点动成线"引导学生得出圆的特征,归纳出圆的集合定义	观察思考,归纳圆的特征和集合定义	以"点动成线"的形象化语言揭示圆的形成过程,同时也强调"圆"是指"圆周",自然而然过渡到圆的集合定义,突破难点,使学生初步形成集合的观念
三、小结	圆的动态和静态定义	直接归纳,语言叙述	用语言叙述	归纳和强化圆的定义,增强学生语言表述能力
四、类比学习	用集合的观点描述角平分线、线段垂直平分线	播放课件,提问,师生互动	根据问题回答填空	用填空的提问方式突破语言表述的难点,强化集合意识,为今后高中的学习打基础。让学生学会知识之间的关联,学会用类比法学习。该环节是对学生的学法进行指导

　　上述的教学环节中,对于圆的概念用集合的观点理解,而在此概念上又加深拓展,用类比的方法,引出"用集合的观点描述角平分线、线段垂直平分线",这样的增加,对于此节的教学内容来说是"画蛇添足",使本节课的教学内容太过于"臃肿"。因为,《义务教育数学课程标准(2011 年版)》只要求"理解圆、弧、弦、圆心角、圆周角的概念",从初中学生的认知角度来看,无须补充增加的那些知识,应该简约化处理,删除增加的内容。

　　在有限的课堂教学时间里,要适量安排教学内容。其一,选材要"少而精"。这个少不是简单机制地减少教学内容,也不是减少教学的知识容量,而是所选题材要有典型性、针对性,要精选素材。其二,用材要"单而丰"。巧用素材,努力做到一"材"多用,一"材"多变,一"材"多效,使每一个材料在课堂上都能发挥最大的效益。再如"抛物线与直线交点问题"专题课教学过程中的问题设计。

例1　已知二次函数 $y=x^2-(m+2)x+(2m-1)$（m 为常数）。

求证：不论 m 为何值，该函数图像与 x 轴一定有两个交点。

例2　已知二次函数 $y=x^2+(2m-2)x+m^2-2m-3$（m 是常数且 $m<0$）的图像与 x 轴交于 A，B 两点（点 A 在点 B 的左边）。

（1）当 $m=-2$ 时，求出 A，B 点的坐标；

（2）若函数与 x 轴的一个交点为 $(n,0)$，且 $2<n<3$，求 m 的取值范围。

例3　已知关于 x 的方程 $kx^2+(3k+1)x+3=0$。

（1）求证：无论 k 取任何实数时，方程总有实数根；

（2）若二次函数 $kx^2+(3k+1)x+3=0$ 的图像与 x 轴两个交点的横坐标均为整数，且 k 为正整数，求 k 值；

（3）在（2）的条件下，设抛物线的顶点为 M，直线 $y=-2x+9$ 与 y 轴交于点 C，与直线 OM 交于点 D。现将抛物线平移，保持顶点在直线 OD 上。若平移的抛物线与射线 CD（含端点 C）只有一个公共点，求它的顶点横坐标的值或取值范围。

本节是二次函数复习的专题课，教学设计了三道例题，其实只要选一道题目即可，因为主要是要说明：（1）抛物线与一元二次方程、方程组之间的关系；（2）如何进行求解。

教学素材选取要简约化，常记"博观而约取"：课堂教学时间是一个常数，学生的学习精力也有一定的限量，要提高课堂教学的效率，教师必须追求教学内容的简约。这就要求教师认真地钻研、解读教材，对教材进行科学、合理的整体把握，在深入解读教材上下功夫，在浅出教学内容上做文章。教师要大胆地处理教材，依据年段目标、单元目标、教材特点等选择能让学生终身受用的"核心内容"进行教学；准确把握教材，艺术地处理教材，科学地补充教材，善于使用教材中最具价值的地方，合理裁剪，大胆取舍，而不是面面俱到，蜻蜓点水，浮光掠影。

如果一节好的数学课的教学结构（环节）简化自然，那么这节课的教学内容就一定是"简约而不简单"，因为若把一节好的数学课的教学结构比喻成人的骨架的话，那么此骨架上必须填满"丰腴"的肉——"简约而不简单"的教学内容，这样从设计的角度来看就可能成为一节好的数学课。"简约而不简单"的教学内容是有理有序且是递进的教学内容,每一环节的教学内容能与教学结构(环节)相匹配。因此,每一个素材的选取都是非常重要的。

四、教学情境简约化

教学情境是教师根据教学目标和教学内容,有目的地创设服务于学生学习的一种特殊的教学环境。教学情境的创设既是教学设计中的一个重要环节,又是数学教学中常用的一种教学策略。《义务教育数学课程标准(2011年版)》特别强调,数学教学应以"问题情境—建立模型—解释、应用与拓展"这根主线逐步展开。那么,基于简约化数学教学理念的教学情境创设有怎样的要求呢?作为常规教学,我们很难做到每节课都搞出声光电一体化的教学情境,朴素化是毫无疑问的。但是,怎样在朴素的情境中实现简约而又深刻的教学呢?以下从一则教学案例说起,即"分式的基本性质(1)"教学过程中的情境引入:

老和尚分饼

从前有座山,山里有座庙,庙里有个老和尚和三个小和尚。小和尚最喜欢老和尚烙的饼了。有一天,老和尚做了一块饼,想分给小和尚吃,还没给,小和尚就叫开了。矮和尚说:"我要一块!"高和尚说"我要两块!"胖和尚说:"我不多要,只要四块!"矮和尚急了,说:"你们不能多吃,我们要吃一样多!"老和尚听了二话没说,立刻把饼平均分成三块,取其中的一块给了矮和尚;把第二块平均分成两块,给了高和尚;把第三块平均分成四块,给了胖和尚,一一满足了他们的要求。

由《老和尚分饼的故事》引出分数的基本性质的应用。(老和尚的智慧在于他利用相等的分数来解决问题。)

问题1 用你所学的数学知识说明老和尚是怎样满足小和尚的要求的。

问题2 老和尚这样做的依据是什么?

问题3 请你叙述分数的基本性质。

分数的基本性质:一个分数的分子、分母乘(或除以)同一个不为0的数,分数的值不变。

问题 4　请用字母的形式表示分数的基本性质：

一般的,对于任意一个分数 $\dfrac{a}{b}$,有 $\dfrac{a}{b}=\dfrac{a\cdot c}{b\cdot c}$,$\dfrac{a}{b}=\dfrac{a\div c}{b\div c}(c\neq 0)$。

追问：如果有个小和尚提出要 n 块饼,你会如何操作？

上述的教学过程情境引入设计有四个环节,分别是"情境引入、探索新知、运用新知、联系实际"。通过情境引入环节激发学生的兴趣,从而引发新旧知识的联系,可这个情境的设置阅读量大、思维量也不小,激不起学生的兴趣,也引不出旧知。旧知是学生已有的经验,可直接通过回忆分数的基本性质得到,再从分数的基本性质类比得到分式的基本性质,之后再进行验证,更能体现"数学味";这样更简约合理,也符合学生的认知。因此,数学课堂的导入环节在一节数学课的教学中起着很重要的作用。可是现在有许多数学教师瞧不起那些简单的引入方式,为了渲染课堂气氛,把本来很简单的数学内容复杂化,使同学们一开始就迷雾重重,影响了整节课的教学效果。因此简单化、直接的引入更适合数学教学。又如"分式(第 1 课时)"的教学过程片段：

一、基于情境,引发学习动机

情境 1　已知长方形的面积为 10,一边长为 7。

问题 1　求另一边长。

问题 2　若长方形的面积不变,一边长为 4,求另一边长。一边长为 5 呢？一边长为 a 呢？

问题 3　若长方形的面积为 3,一边长为 a,求另一边长。长方形的面积为 b,一边长为 a 呢？

情境 2　京沪铁路是我国东部沿海地区纵贯南北的交通大动脉,全长 1 462 km,是我国最繁忙的铁路干线之一。

问题 4　如果货车的速度是 90 km/h,客车的速度是货车的 2 倍。货车从北京到上海需要多少时间？客车从北京到上海需要多少时间？

问题 5　如果货车的速度是 a km/h,客车的速度是货车的 2 倍。货车从北京到上海需要多少时间？客车从北京到上海需要多少时间？

问题 6　若经过技术升级,货车提速 10 km/h。货车从北京到上海需要多少时间？

【设计意图】设置长方形面积、火车行驶的情境,让学生根据情境大胆提出问题并尝试解决,得到一系列熟悉或不熟悉的数学式子,如:$\frac{2}{3}$,$\frac{1}{2}$,$\frac{2}{5}$,$\frac{2}{a}$,$\frac{3}{a}$,$\frac{b}{a}$,$\frac{1462}{90}$,$\frac{1462}{180}$,$\frac{1462}{a}$,$\frac{1462}{2a}$,$\frac{1462}{a+10}$,符合学生的认知,引发了学习兴趣,给学生创造了一定的思维空间,形成了数学学习的动机和需要,进而感受学习的必要性,回答了"为什么要学习分式"的问题,即现实生活中有很多地方用到分式的知识。当然由数到式也是数学发展的必然。

上述教学过程中,学生面对长方形面积、火车行驶等情境,通过联想、想象和反思,发现数量关系的内在联系,进而提出问题,研究解决问题的策略和方法,从而抽象出分式、分式的基本性质、分式的运算和分式方程等数学内容。学生不仅基于情境提出了一系列与分式相关的知识性问题,更重要的是还在教师的引导下提出并解决了其主体内化性问题,即"我要去哪里""我如何去那里""怎么判断我已到达了那里"。按照这种教育理念,我们的教学不仅仅以知识传授为目的,更应该重视在求知过程中激发学生的问题意识、逐步加深问题的深度、探求解决问题的方法、形成学生自己对解决问题的独立见解的目的。同时,此过程伴随着一种积极的情感体验,其表现为对新知识的渴求,对客观世界的探索欲望,对数学的热爱等。

美国教育家布鲁巴克认为:"最精湛的教学艺术,遵循的最高准则就是学生自己提出问题。"教育的真正目的就是让人不断地提出问题、思索问题。学生总是充满好奇和疑问的,他们走进教室的时候,带着满脑子的问题,老师在回答他们问题的过程中,有意通过情境、故事、疑问、破绽等激发学生产生更多的问题。情境是学科观念、思维模式和探究技能逐渐形成,(跨)学科知识和技能不断结构化的基础。因此,在教学情境的创设中,既要关注素材的简易性,便于教学;又要关注问题的定向性,便于学生数学学习的展开;还要关注思维的系统性,使课堂清晰流畅,浑然一体。

五、教学媒体简约化

信息技术与课堂的整合是教育现代化的一个显著特征,也是教育改革的一个亮点,数学课堂教学中,多媒体课件的应用发挥了它变抽象为具体的功效,特别是在几何的教学中,更是发挥了其强大的功能,但是,在课堂上并不是微课使用越多越好,应该是恰到好处。有的老师"赶时髦",盲目

追求教学手段的现代化和装饰效应。如"3.1.1一元一次方程(第1课时)"的教学过程片段:

环节三、视频引入,定义方程

师生活动

(1)播放微课:为什么要学习方程?

(2)播放视频:学生介绍方程的数学史。

追问:回顾下,什么是方程呢?

(预设:学生观察所列方程$2x-5=69,70t=60(t+1),\frac{x}{60}-\frac{x}{70}=1$。教师板书定义)

【设计意图】学生已经学过简易方程,对方程的含义不难理解,通过本例让学生回顾学过的知识,并感受方程的历史。

(3)练习:判断下列式子是不是方程,并说明理由。

①$3+4x=7x$;②$2x-3$;③$2x^2+x-1=0$;④$y>-2$;

⑤$2x+2=3-y$;⑥$\frac{1}{2}x+1=0$。

【设计意图】巩固方程的概念,并为后续判断一元一次方程作方法上的铺垫。

环节五、归纳总结,拓展延伸

(1)微课:计算丢番图的年龄。

(2)师生活动:①你能用算术法计算出他的年龄吗?

②你能用列方程的方法求出他的年龄吗?

追问:比较一下,哪种方法更好些?

【设计意图】通过播放微课"计算丢番图的年龄",再次体会方程的优越性,并且自然地引出下节课要学习的方程"解法",将本节的知识纳入方程知识体系中。

上述的教学过程中用了一个视频与两个微课,虽然这些新媒体的使用会拓宽学生了解数学知识的角度,激发了学生学习数学的兴趣,但也冲淡了学生学习数学的思维连贯性。特别是介绍方程史的视频,虽然可增加学生对数学文化的了解,但要让学生增强对数学文化的认识,应该是长期的过程渗透与熏陶,所以可把此视频放于课后,让学生反复观看。"计算丢番图的年龄"的微课没必要使用,课堂上老师可以直接讲,中间还可与学生有互动的过程。

教学媒体要简单,"嫁与春风不用媒",还有一些数学概念课,关于数学概念的讲解,也做成微课播放,这都是没有必要的。这些数学概念性的知识可由老师直接进行讲解,何必再来个微课呢?这不是多此一举吗?

对于教学媒体的选择和运用,必须紧密结合具体教学内容和学生的特点,服从课堂教学的整体安排,以充分发挥现代教学媒体在促进学生主动学习方面的教学功能。任何一种教学媒体都只对某一种教学情境具有特定功能,不存在能对任何学习目标和学习者都发生最佳作用的教学媒体,因此教学媒体的选择必须慎重。现代教学媒体的运用必须与新的教学观念相结合,不能仅是手段的变化和内容上的增多。课堂上的信息交流不仅仅是知识的传递,更重要的是教师与学生、学生与学生之间的情感交流,可以说,数学课堂上的一切活动都是建立在教师与学生情感交流的基础之上的,没有学生学习主体性的充分发挥,没有学生能动地参与,有效的数学教学活动是很难进行的。在实际教学中不能为追求时尚而盲目地使用现代教学媒体,将课堂教学变成简单的"人机对话",甚至将学生的学习由过去的"教师灌输"变成"机器灌输"。这样的数学课堂教学看似生动活泼,实则冰冷死板,缺乏人与人之间的情感交流,极不利于学生对数学知识的理解和健全人格的发展。实践告诉我们,大多数的数学常规课堂还是使用常规媒体来教学,如几何画板与微课的使用,并且只要教师认真吃透教材,把握学生,以用"教材教"的理念来教学,课堂照样可以很成功、很精彩。要实现课堂教学简约化,仅仅对内容与形式做"削减"是远远不够的,教师还应当优化教学方式,以灵活的方式提升学生的学习效率。不在课堂中赘述过多不必要的内容,效率自然就提高了,简约化的效果也就自然而然地实现了。请阅读如下"有理数"的教学过程片段:

环节一"知识回顾,感知数学史"(利用微课"数的产生和发展")。

【设计意图】本班学生已对有理数有所了解,这里用"数是如何产生和发展的?"设问,激发学生对数系的扩充和发展的好奇,提高学习的兴趣,同时了解我国古代数学的辉煌成就,增强民族自豪感。

环节二"解决问题,感悟有理数"。设置思考题:有理数本质上是一个怎样的数?利用微课"有理数名字的由来"。

【设计意图】利用微课"有理数名字的由来",学生深刻体会到有理数的本质是可以表示为两个整数比的数(分母不为 0),深化对有理数概念的理解。

环节三"设置活动,巩固提升"。设置游戏环节——"喜羊羊与灰太狼的比赛"。

【设计意图】理解非正数、非负数、非正整数、非负有理数等名称的含义,并能够在应用中进行正确的辨析。通过游戏方式进行比赛,更能激发学生的兴趣。

上述这节课的教学过程中,游戏环节"喜羊羊与灰太狼的比赛"两个小组代表的比拼,激发了学生学习的兴趣;本节课使用微课两次,即第一次"数的产生和发展"与第二次"有理数名字的由来",也增加了学生视觉感受。这些都体现了多媒体辅助教学的作用。

六、教学语言简约化

著名的教育学家夸美纽斯说:教师的嘴,就是一个源泉,从那里可以发出知识的溪流。师者,所以传道授业解惑也。"传、授、解"都需要语言的表达,语言是人类进行思维和交际的工具,教师的教学语言更是引领学生开启心智和知识之门的钥匙。课堂的形式随内容的不同而千变万化,但不管怎样,都脱离不了对语言的使用。教师语言的表达方式影响着学生对知识的接受能力,所以教师的语言艺术是课堂教学艺术的核心。

数学的教学用语要简练,自练功纯始自然:数学教师的引导、提问、讲解、评价的语言力求精练、准确,避免啰唆、杂乱。教师要用最简练的数学语言表达最丰富的内容,追求条理性、启发性和艺术性,让学生置身于思维的数学文化氛围、浓郁的数学语言环境中,从而受到数学化的感染和熏陶。但许多数学老师总会"得意而忘言"地随意,一味注重数学内容的理解、数学知识的感悟,忽视数学语言的理解和运用,甚至以"得意"为唯一目标,忽略数学语言的学习与准确的表述。数学学科语言要专业规范,提问语言要明确,过渡语言要自然流畅,评价语言要扼要坦然……说白了,字字句句都要给学生以明亮清澈的感觉。

教师的语言主要有口头语言、肢体语言、书面语言。口头语言是人类之间交流、传递信息的最主要的工具,口头语言也是老师在课堂中最常用的授课方式。口头语言相对其他语言最大的特点是它的时间和空间灵活性强,通过口头语言,老师可以将知识和情感完整和准确地传递给学生,缺点是时间的延续性差。所以,老师要充分掌握口头语言的特点,趋利避害。老师的口头语言应注意科学性、艺术性、趣味性,做到准确、精练、生动、清晰,力求层次清楚,逻辑严密,形象生动,富有感染力,能把深奥的道理形象化、抽象的概念具体任务化、枯燥的问题有趣化。这源于准确精练的语言能培养学生严密的逻辑性。

初中学生虽然思维活跃,但注意的持久性差,抽象思维不够。因此老师在讲课时最忌语言拖沓、冗长、烦琐、复杂,否则学生就很难完整地记忆、理解数学内容。有的数学课堂上教师的语言太满,没有给学生"留白"。例如有位老师上"18.1.2平行四边形的判定"时,讲到"回顾与总结"环节时,抛出一个思考题:判定平行四边形的方法共有几种?接下来,老师没有安安静静地等待,而是不停地说:"给大家两分钟时间""请注意时间""要从三个方面思考"……到了准备讲解前,老师还倒计时开始数,"最后 10 秒了,10,9,8,7,6……",这两分钟的时间都被教师的喋喋不休占据了。课堂上老师适时、适当地"留白",让学生安静地思考,更有助于激发学生的潜能。

苏联著名的教育学家苏霍姆林斯基说过,有经验的教师往往只是微微打开一扇通往一望无际的知识原野的窗子。而传统的数学课堂中,"满堂灌、一言堂"是教师常用的教学方式,课堂上教师竭尽所能把知识讲透彻,却没给学生思考和内化的时间,长此以往,不利于学生思维能力的培养和兴趣的提高。如果我们的数学课堂能激发学生找到新旧知识的连接点,在寻找连接点的瞬间就会产生灵感,这样不经意间就会产生连教师也意想不到的结果。请看如下"15.3 分式方程"的教学过程实录片段:

师:同学们想一想如何解这个分式方程:$\dfrac{1}{x-5}=\dfrac{10}{x^2-5}$。(给学生思考时间约 1 分钟。)

师:想出解法的同学请举手。(全班大多数同学都举手)

师:谁来回答这个问题?你说过程,我来板书。

生 1:先去分母,在方程两边乘最简公分母$(x-5)(x+5)$,得整式方程$x+5=10$,解这个方程得 $x=5$。

师:大家看,这位学生的表述,我写得对吗?

生(整齐回答):对。

师:解答的每一步骤的理由是什么?试着说一说。

生 2:去分母的根据是等式性质 2,而解 $x+5=10$ 方程得到 $x=5$ 是用移项(或等式性质 1)。

师:回答得很好! 还有其他问题吗? 大家可以再想一想。

讲到这里,教师没有强调代入检验,只是微笑着沉默地注视着全班同学。此时无声胜有声,这种沉默是一种强大的力量,大部分学生在教师的沉默中发现了问题。

生 3:老师,得到的 $x=5$ 还要代入原方程检验。

师:你是怎么发现的? 为什么要检验呢?

师生的对话还在继续……

因为他们自己发现了 $x=5$ 不是原方程的根,在此基础上教师再进行"增根"问题的讲解,势必让学生印象深刻,事半功倍。

师:同学们,再想一想,还有其他解法吗?

此时,老师关键的提示性语言让学生又一次进入沉静的数学思考之中。

师生的对话还在继续着……

上述教学过程中,教师不但给了学生"留白"的时间,让学生有了充分的思考时间,而且教师提示性语言的使用也恰到好处,让学生从一个思考状态不知不觉进入另一个思考状态,达到了很好的效果。

当然,除了口头语言外,教师的书面语言也很重要,简明规范的解题过程,简洁明了的板书,都能体现此时无声胜有声的功效。板书不是课本知识的重复,而是对教学内容的提炼和概括,是画龙点睛的启示。板书语言虽受空间限制较大,但在时间延续性方面,对重点内容突出性强。再如"反比例函数的图像与性质(1)"的教学过程片段:

环节一、复习旧知引新知

问题 1　联想学过的一次函数(正比例函数)、二次函数,请说说研究函数的基本程序是什么?

师:请同学们思考问题 1 并回答。(给学生约 1 分钟的思考时间)

生 1:从实际问题到研究具体函数的性质特征,再用函数的性质解决实际问题。

师:研究函数什么内容,谁能具体说说?

生 2:函数的定义(用解析式表示),函数的图像(画图),函数的性质。

师:很好!(老师板书)

通过师生对话,形成如下板书 1(如图 1-3-2)。

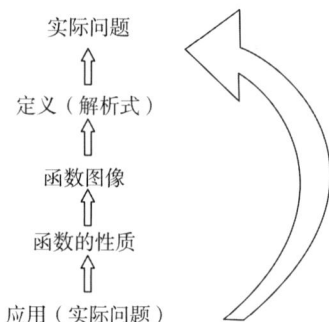

实际问题
↑
定义（解析式）
↑
函数图像
↑
函数的性质
↑
应用（实际问题）

图 1-3-2

问题 2　类比"一次函数（正比例函数）、二次函数的图像与性质"的学习,反比例函数的图像与性质应该怎么研究呢?

师:请同学们思考问题 2 并回答。(再给学生思考时间)

生 3:先画函数的图像,再根据图像研究其性质。

师:很好。

此时教师在黑板的左侧有意板书……

一节课根据教学过程的开展,不断进行师生互动,并最终形成如下的板书 2(如图 1-3-3)。

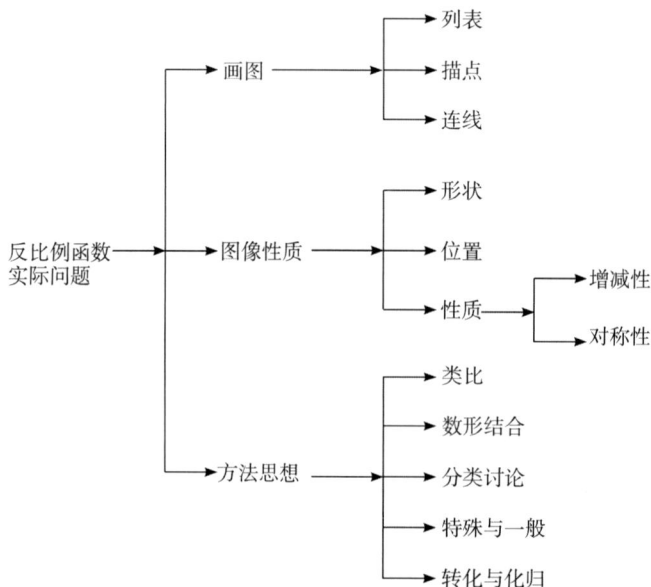

画图 → 列表
　　　→ 描点
　　　→ 连线

反比例函数
实际问题 →

图像性质 → 形状
　　　　→ 位置
　　　　→ 性质 → 增减性
　　　　　　　→ 对称性

方法思想 → 类比
　　　　→ 数形结合
　　　　→ 分类讨论
　　　　→ 特殊与一般
　　　　→ 转化与化归

图 1-3-3

　　上述教学中的板书1体现了知识之间的上下纵向联系,而板书2体现了知识的横向发展,老师这种有计划、寓于启发、规范的板书语言,不仅让学生有直观感、动态感,还能培养学生的结构化思维。

　　创建简约化的数学课堂,教学语言的调控作用是非常大的。精准、明确、到位的提问语言,可以导引学生的思维,诱发学生思考;精练流畅的过渡语言,可以顺利完成承上启下的转换,让课堂完美无痕;精确优美的评价语言,可以渲染美好的意境,激起心灵的震撼,拨开重重的迷雾,触发深远的思考,使课堂弥漫着与生命萌发相通的浓郁人文气息。

　　总之,简约化数学教学在简洁的形式之下蕴含着深层的追求。简约化数学教学的思想精髓是简于形而精于心,它所追寻的是一种更高层次的返璞归真。这种简约化是对冗繁的数学课堂的一种"清洗",是对数学学习本质的一种"回归";追寻的是"还原数学本色,复归学科本位",是"倡简、务本、求实、有度",是"大道至简"的教学境界!

第二章

简约化数学教学的人文价值

第一节　简约化数学教学的生本教学观

教与学的关系是贯穿教学活动的基本问题,是教学改革和教学论的永恒话题。在中外教育史上,不少著名教育家都曾强调学生在教学过程中的重要地位和作用,发表过不少经典看法。如陶行知先生主张"解放学生的头脑、双手、眼睛和嘴巴,把学习的基本自由还给学生";杜威曾提出"儿童中心说",主张一切教育活动要以儿童为起点、为中心、为目的。简约化数学教学强调的是"以学论教",就是主张要把"学"放在首位,把学习的主动权交给学生,教为了学、基于学、适应学,根据学来研究、确定怎样教,引导和推进学。简约化数学课堂教学中各种形式的教学课程设计都要先分析学情(详见本书第四章),根据学情制定本节课的教学目标(重难点)和教学策略。所谓学情,指学生的生活经验、原有基础、潜在能力以及学习意向等,它既有相对的稳定性,又有一定的变化性。

例如,"相反数"的数学概念教学时,考虑到数形结合的思想是重要的数学思想,数形结合思想在学生头脑中的形成是一个渐进的过程,必须结合教学内容不失时机地让学生反复感受这一思想的真谛,体验"数形结合"在问题研究和解决中的作用。相反数的概念是建立在数的形式上的代数特征(两个数只有符号不同)和两个数在数轴上的对应点的位置关系的几何特征(两个数的对应点关于原点对称)的基础上的"数形结合"的一个数学模型,对七年级的学生来说理解是有困难的。因此,教学中应充分借助数轴建构概念,使相反数的概念在"数"和"形"两方面达到和谐统一。在教学中,教师提供数学材料,创设情境,引导学生自己动手操作,认真观察思考,及时交流讨论,不断抽象概括与拓展延伸。教师既善于从特殊到一般,由具体到抽象,又能由一般到特殊,将抽象的概念具体化,使学生在自主建构的过程中,既学会发现又学会总结,既掌握知识又发展情感。

教学中制定如下的"相反数"的教学目标:

(1)通过对数轴上特殊数对相对于原点的特殊位置关系的研究,抽象概括相反数的概念,感受数与形的内在统一性;

(2)通过求一个数的相反数,化多重符号的数为单一符号的数(简化符号)等,深化概念,渗透去括号原理,体悟互为相反数的性质;

(3)在解决问题的过程中,体会数轴的作用,感受用数形结合的方法解决问题的过程,培养学生自主归纳总结的能力。

数学课堂中的兴趣培养是实现以生为本的关键,也是学生学好数学的前提,更是践行简约化数学教学的生本教学观的重要体现。史宁中教授认为,让孩子产生兴趣,你就得有有趣的问题,让他在这个问题的解决过程中,感觉到一些乐趣,这个是很重要的问题。请阅读如下"一元一次方程(第1课时)"的教学过程片段:

环节一、创设情境,引入新课

情境1　不要告诉我你的年龄,请把你的年龄乘以2再减去5的得数告诉我,我就能猜出你的年龄。

师生活动:

(1)教师随机找2个学生,学生说出得数,教师说出学生的年龄;

(2)教师说出得数,让学生猜教师的年龄。

追问:你是用什么方法猜出我的年龄的呢?

(预设:会说出两种方法,一种是算术,一种是方程,教师板书其中一个方程,如 $2x-5=69$。)

上述这样的猜年龄情境的引入,符合初中学生的认知规律和年龄特点,通过师生互动,快速增进了师生间情感,使学生带着愉悦的情绪开始这节课学习。

20世纪30年代,著名心理学家维果茨基首先将"最近发展区"概念引入了心理学的研究。维果茨基曾将儿童要解决的问题分为三类:一是儿童自己能独立解决的问题;二是需要帮助才能解决的问题;三是介于这两者之间,经过别人帮助可以解决的问题。也就是说,学生的学力(包括知识、能力、思维、情感等)有两个发展水平,一个是现有发展水平,是经过努力已经完成的发展程序,是学生的认知、思维、能力、情感等已达到的发展程度,表现为学生能独立、自主、愉快地完成教师布置的学习任务;另一个是潜在的发展水平,是一种处于形成中的发展水平,表现为学生还不能独立、自主地完成,在教师的指导和在集体合作中,通过主观的努力可能完成的学习任务。这两者之间则为"最近发展区",它是学生独立解决问题的实际水平与尚在形成中的潜在发展水平之间的空间"差距",是从现有实际水平提升到潜在发展水平的过渡阶段,是连接这两个发展水平的重要桥梁和纽带。"最近发展区"就是指学生从现有水平向潜在发展水平提升,有一个必经的"最近发展区"阶段,及在这个阶段生成发展的特点、规律。简约化数学的教材创新(详见本书第三章)就是按照"最近发展区"有层次地设计问题,体现了"生本教学观"。如下"与三角形有关的线"专题复习的教学过程片段:

1.三角形三边的垂直平分线

原题1(人教版八年级上册P66第13题)如图2-1-1,在△ABC中,边AB,BC的垂直平分线相交于点P。

(1)求证PA=PB=PC;

(2)点P是否也在边AC的垂直平分线上?由此你还能得出什么结论?

变式 图2-1-1中,请求出∠APC与∠ABC的数量关系,并加以证明。

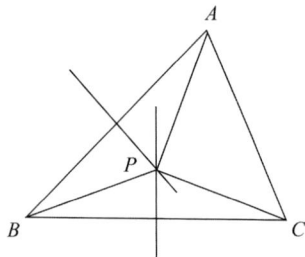

图2-1-1

[可联想人教版九年级上册P85—86(24.1.4圆周角)]

2.三角形的三个内角平分线

原题2(人教版八年级上册P29第11题)。如图2-1-2,△ABC的∠B和∠C的平分线BE,CF相交于点G。求证:

(1) $\angle BGC = 180° - \dfrac{1}{2}(\angle ABC + \angle ACB)$;

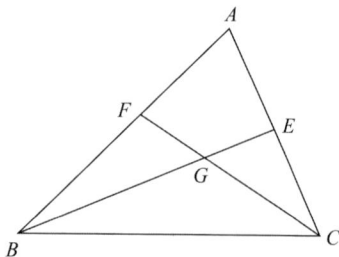

图2-1-2

(2)$\angle BGC = 90° + \dfrac{1}{2}\angle A$。

原题3(人教版八年级上册 P50 例) 如图 2-1-3,$\triangle ABC$ 的角平分线 BM,CN 相交于点 P。求证:点 P 到三边 AB,BC,CA 的距离相等。

原题4(人教版九年级上册 P100 练习 1) 如图 2-1-4,$\triangle ABC$ 中,$\angle ABC = 50°$,$\angle ACB = 75°$,点 O 是 $\triangle ABC$ 的内心。求 $\angle BOC$ 的度数。

原题5(人教版九年级上册 P100 例 2) 如图 2-1-5,$\triangle ABC$ 的内切圆 $\odot O$ 与 BC,CA,AB 分别相切于点 D,E,F,且 $AB = 9$,$BC = 14$,$CA = 13$。求 AF,BD,CE 的长。

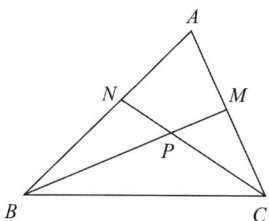 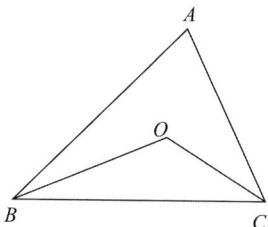 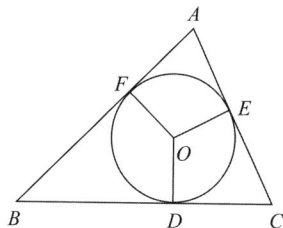

图 2-1-3   图 2-1-4   图 2-1-5

3.三角形的三边的中线

原题6(人教版八年级上册 P5) 关于三条中线及三角形的重心。

原题7(人教版八年级下册 P62 第 16 题) 如图 2-1-6,在 $\triangle ABC$ 中,BD,CE 分别是边 AC,AB 上的中线,BD 与 CE 相交于点 O。BO 与 OD 的长度有什么关系?BC 边上的中线是否一定过点 O?为什么?(提示:分别取 BO,CO 的中点 M,N,连接 ED,EM,MN,ND。)

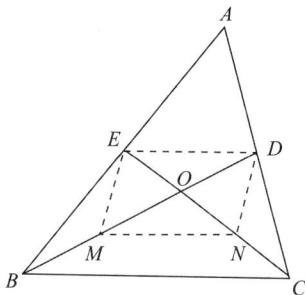

图 2-1-6

4.三角形的三边的高线

原题8(人教版八年级上册 P9 第 8 题) 如图 2-1-7,在 $\triangle ABC$ 中,$AB = 2$,$BC = 4$。$\triangle ABC$ 的高 AD 与 CE 的比是多少?(提示:利用三角形面积公式)

原题9(人教版九年级下册 P58 第 9 题) 如图 2-1-8,在 $\triangle ABC$ 中,$AD \perp BC$,垂足为 D,$BE \perp AC$,垂足为 E,AD 与 BE 相交于点 F,连接 ED。你能在图中找出一对相似三角形,并说明相似的理由吗?

变式　如图 2-1-9,在 $\triangle ABC$ 中,$AD \perp BC$,垂足为 D,$BE \perp AC$,垂足为 E,AD 与 BE 相交于 O 点,连接 CO 并延长交 AB 于 F 点,CF 是否也垂直边 AB 呢?由此你还能得出什么结论?

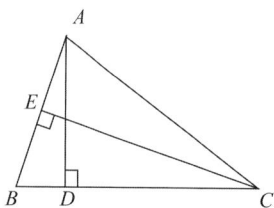 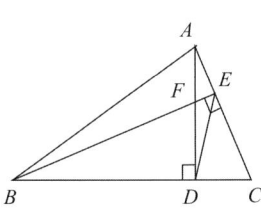 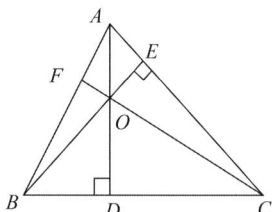

图 2-1-7　　　　　　　　图 2-1-8　　　　　　　　图 2-1-9

5.三角形的中位线

原题 10(人教版八年级下册 P49 练习 1)　如图 2-1-10,在 $\triangle ABC$ 中,D,E,F 分别是 AB,BC,CA 的中点。以这些点为顶点,在图中,你能画出多少个平行四边形?为什么?

原题 11(人教版八年级下册 P51 第 11 题)　如图 2-1-11,$A'B' \parallel BA$,$C'B' \parallel BC$,$C'A' \parallel AC$。$\angle ABC$ 与 $\angle B'$ 有什么关系?线段 AB' 与线段 AC' 呢?为什么?

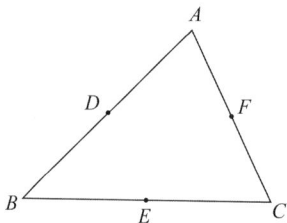 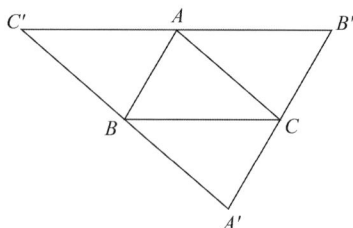

图 2-1-10　　　　　　　　　　图 2-1-11

6.综合问题:通过上述五类问题的解决,你还会得到什么结论?请补充填写表 2-1-1。

表 2-1-1　与三角形有关的重要的线

名称	请作图	性质	应用
垂直平分线(中垂线)			

续表

名称	请作图	性质	应用
角平分线			
中线			
高线			
中位线			

　　通过解决上述五类问题,进行对比、类比并归纳总结,促进学生获得力所能及的发展,到这里,教师觉得学生的学力还可进一步发展,达到他们"最近发展区"内的最高水平,因此在原题 9 之后提出了变式题。学生通过变式题的求解,其中可用原题 1(2) 的结论"三角形三边的垂直平分线相交于一点"证明"三角形的三条高线交于一点"的方法,还可以用四点共圆的方法证明,使学生在知识、思维、能力等方面获得了充分发展,而综合问题的设计,又能培养学生的归纳能力。实践表明,知识和方法的迁移是探索、创新的重要形式之一。要培养创新人才,在数学课堂中就要给学生尝试知识迁移,进行探索、创新的机会,让他们充分张扬个性,进行创新思维。

　　简约化数学课堂教学还注重"有差异的教学"。俗话说:"一母生九子,九子各不同。"由于家庭条件、天资禀赋、学习基础、学习习惯以及个人努力程度等的不同,学生在学习上出现差异,这是常见和难免的。因此简约化数学课堂教学设计与教材的处理都是有层次的、差异性的设计(详见本书第三章、第四章)。针对学生的差异,学习内容和要求一般有两个层次:一是教材内容,要求全体学生都能掌握;二是对那些学有余力的学生,可以根据需要和可能拓展研究,使得学习水平高的学生扩大知识结构,充分发展学力,中等水平的学生能知其然,水平较低的学生也能受到启发和激励。

2018年教师节时,在QQ上收到一位学生来信,信中说道:

> 惠增老师:
>
> 好久好久好久不见! 谢谢您的指导和鼓励!
>
> 很高兴,我在数学方面也有点造诣。是您告诉了我数学应该怎么学,真正的数学学习是要自己发现问题,然后思考解决,这才是高端玩家的学习方法,这样才有乐趣。
>
> 您对我的影响不只是数学方面,更为重要的是您对教学的那种至高无上的情怀,对教育事业不懈追求的精神,深深影响着我。希望老师在数学教育研究领域上更上一层楼! 谢谢您! 敬佩您! 教师节快乐!

简短的来信对笔者而言是莫大的肯定,笔者也将在数学教学中一如既往地践行简约化数学教学的理念、以生为本的课堂,即以学定教,尊重学生的最近发展区,尊重学生差异性。这样的简约化数学课堂能让学生感受到自己成为课堂的主人,能让学生感受到学习数学的快乐,数学课堂的学习过程既简约又自然。

第二节　简约化数学教学的生本教育观

学生的学习是在一定的教育环境中进行的认识活动,既受学校各种条件乃至社会大环境等外部因素的影响,同时也受学习主体的自身条件的制约。这种自身条件包括了智力因素和非智力因素,智力因素主要指观察力、记忆力、思维力、想象力、语言能力以及操作技能等多种心理因素构成的综合认识能力,其中思维是核心。所谓智力和能力,两者有一定区别,一般地说,前者偏重于认识,着重解决知与不知的问题;后者偏重于活动,着重解决会与不会的问题;但两者同属于个性的范畴,是相互联系、相互交叉、相互制约而又统一的,所以,人们常常将它们放在一起,称之为"智能"。除了智力因素以外,影响学生学习的还有非智力因素,又称为非认知因素,包括情感、兴趣、信念、意志以及气质、性格等,其中情感是核心。情感是人对客观事物是否符合自己需要所产生的主观体验,符合需要的事物引起肯定的主观体验,产生满意、愉快、爱慕等情感;反之则引起否定的主观体验,产生讨厌、反感等情感。情感是与高级的社会需要相联系的,是人类所特有的稳定、持久的体验,对人的思想性格、智力发展、身心健康等都具有深刻而广泛的影响。因此,情感是非智力因素的核心。

"智"是智慧、智能的意思,一堂高效的课一定是充满生机和智慧的课,课堂上教师的灵机一动是智慧的表现,学生灵活的思维也是智慧的表现。叶澜教授提出了好课的"五实"标准,其中重要的一条是"丰实",即一节好课应该是生成性的课;朱永新先生对心目中的理想课堂提出了"六度"标准,其中之一是"参与度";美国博士鲍里奇先生在《有效教学方法》中对好课提出了五个要求,其中之一是"积极的引导过程"。这些著名的教育专家在谈到理想课堂时都提到了"学生参与"或"知识生成",而"学生参与"或"知识生成"的过程中有很多不确定的因素,因此,课堂是充满变数的场所,在这充满变数的课堂里需要教师有足够的应变能力,这也是"智"的表现形式。高效课堂一定是"活"的课堂,只有在"活"的课堂里才有可能生成智慧、体现智能,那种死气沉沉、教师喋喋不休的课是不可能绽放出智慧火花的,那些照"案"宣读、机械点击课件的课堂是不可能充满智慧的。因此,课堂上要善于激发学生的兴趣,善于培养学生思维的灵活性。爱因斯坦认为:"思维的灵活性是创造性的典型特点。"没有智慧的课堂是不会有灵活的思维的。

"情"是指感情、情感因素,它是人的主观因素,是指人在某项活动中对人和事物的情感反映,这种情感反映有积极的情感反映和消极的情感反映两种,两种截然不同的情感反映、影响着课堂。同时,课堂是学生、学科和教师的综合活动体,学生和教师是属于人的范畴,而学科则属于物的因素,三种对象的综合情感关系构建了课堂中的情感链,这种情感链可用如图2-2-1直观地表示。

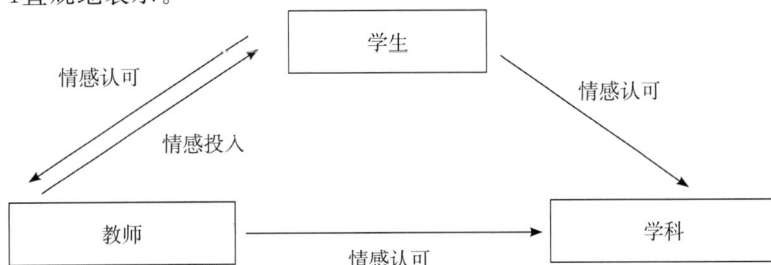

图 2-2-1

教师对学科的情感因素主要指教师对所教学科的热爱和对所从事的教育事业的忠诚程度,包括教师对学科的钻研、对学科内容的把握以及个人对学科本身的认知等因素;而教师对学生的情感因素主要是指教师对教育对象的喜爱程度、认可程度和信任程度,这种情感因素主要取决于教师对学生特点的了解和对学生的宽容程度。学生对教师的情感因素主要是指学生对自己教师的师德、人品、学识、谈吐甚至衣着等的认可程度,不同的学生对同样的教师有不同的情感因素,这与学生成长经历、个人爱好等因素有关;而学生对学科的情感因素主要是学生对所学学科的喜爱程度和兴趣浓度,及所学学科对自己将来发展有效性的认识程度。多种因素的作用影响着学生对所学学科知识的接受程度,这些情感因素在课堂上综合性的呈现直接影响着课堂的效率。

正因如此,简约化数学教学提倡并执行的是"情智教学":课堂上知性风趣,课后与学生无障碍深入交流,把情感引入教学,启迪智慧,做学生的"知心朋友",把情感引入教学,突出和强调情感教育在课堂教学中的地位和作用。教学活动中不仅需要传授知识,还要贯穿情感的交流,充分发挥数学学科和教师自身隐含的情感因素的作用,创造和谐的情感氛围,积极地促进学生主动参与学习活动。简约化数学教学六类课(见第四章)执行课堂教学过程时,在师生的对话过程中一定要尊重学生、善待学生,每一个活动的环节都要倾听、关注学生的生成性知识。

教学是心灵的艺术,直抵心灵的教学才是成功的教学。正如斯普朗格说的:"教育并非单纯的文化传递,教育之所以为教育,正因为是一种人格心灵的唤醒,这是教育的核心。"第斯多惠也说:"教学的艺术不在于传递的本领,而在于激励、唤醒、鼓舞。"实践"情智教学",教师了解学生心理,懂得他们的需求,通过自己得体的教学举动、饱满的教学情感、生动的教学语言,架起与学生沟通情感的心理"热线"、交流思想的无形桥梁,使学生在教学的进行过程中,随时体验到教师对他们的信任和期待,对他们每次成功的肯定和欣赏,从而不断增强他们的自信、自强、自立的意识,唤醒他们的学习热情。如"几何图形的识图"的课堂实录片段:

题1(人教版八年级上册P8第1题) 图2-2-2中有几个三角形?用符号表示这些三角形。

为了能让学生学会识图,进行如下分层问题教学设计:

问题1:(1)图形中有几条线段?

(2)图形中有几个三角形？怎么表示？

(3)这几个三角形你是怎么想到的？

（对于第 3 个小问题的师生对话过程实录如下）

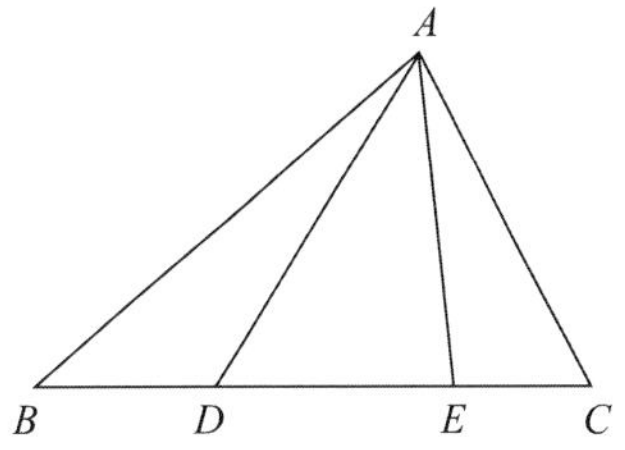

图 2-2-2

学生 1：有六个；

老师：好！（竖起大拇指）你能说出是哪六个吗？

学生 1（继续回答）：分别有 $\triangle ABD$，$\triangle ADE$，$\triangle AEC$，$\triangle ABE$，$\triangle ADC$，$\triangle ABC$。

老师：很好！你能说说你的思考过程吗？

学生 1（继续回答）：从左到右按单一的图形有三个，分别是 $\triangle ABD$，$\triangle ADE$，$\triangle AEC$；按两个组合的有两个：$\triangle ABE$，$\triangle ADC$；按三个组合的有 1 个：$\triangle ABC$。所以共有六个。

老师：太好了！你能从简单到复杂、从单一到组合或从局部到整体地识图。（全体学生自主地鼓掌）

老师：同学们再想一想，还有其他方法吗？（老师做了问号的手势）

学生 2：先看最大的 $\triangle ABC$，然后以线段 AD 分解成两个三角形 $\triangle ABD$ 与 $\triangle ADC$；再以线段 AE 分解成两个三角形 $\triangle ABE$ 与 $\triangle AEC$；以两条线段 AD 与 AE 同时分解则出现三个三角形：$\triangle ABD$，$\triangle AEC$，$\triangle ADE$。除了重复的两个，加上原有的 $\triangle ABC$，共六个。

老师：你真的太棒了！学会了从不同角度思考问题，即从整体到局部地识图。（全体学生又自主地鼓掌）

老师：还有其他方法吗？（老师又做了问号的手势）

学生 3：以线段 AB 为边的三角形有 3 个（$\triangle ABD$，$\triangle ABE$，$\triangle ABC$）；以线段 AD 为边的三角形有 2 个（$\triangle ADE$，$\triangle ADC$）；以线段 AE 为边的三角形有 1 个（$\triangle AEC$）。共六个。

学生 4：不用那么复杂，只要数线段 BC 上有六条线段 BD，DE，EC，BE，CD，BC，分别与点 A 就组成 6 个三角形 $\triangle ABD$，$\triangle ADE$，$\triangle AEC$，$\triangle ABE$，$\triangle ADC$，$\triangle ABC$。（这位学生还没等老师提问，自己就迫不及待地站起来）

老师：你们太厉害了！能用确定三角形其中一条边条数的方法来确定三角形的个数。（老师竖起两个大拇指，全班响起热烈的掌声）

学生 5：我还可以用按点字母的顺序找三角形来找 $\triangle ABC$，$\triangle ABD$，

$\triangle ABE$，$\triangle BCD$，$\triangle BCE$，$\triangle CDE$ 共六种。（还没等老师提问）

老师：Very good！

老师：我们能否对上述 5 位学生的回答进行归纳？

学生 6：他们都是从形的角度来识图。

学生 7：学生 3 与学生 4 在线段 BC 上数线段条数，还可以归纳为"单循环"模型 $\dfrac{n(n-1)}{2}$，即 n 是线段 BC 上的点的个数 6，得到 6 条线段，则与点 A 共组成 6 个三角形。

老师：同学们，你们真棒！相信我们一起努力，会在数学学习探究过程中留下我们更多美好的回忆！为我们的继续努力而鼓掌！（全班响起更热烈的掌声。）

上述的教学过程中，从"智"的角度来看，老师设计的问题层层深入，启发性很强；而从"情"的角度来看，无论老师语言中的"好！很好！太好了！你真棒！"到英文"Very good！"，还是肢体语言的"竖单个大拇指"到"竖两个大拇指"，及"问号的手势"到最后的鼓掌，都渗透着老师对学生满满的爱。古人说："亲其师而信其道。"教师对所任课程投入感情，教艺精湛，教学有方，具有吸引力，能使教学成为师生心理对话和情感交流的过程，对学生起到潜移默化的作用，迸发出智慧的火花。

简约化的数学教学是一个价值世界，教与学的过程也是一个价值问题。学生在学习中最应该学什么？学的不仅仅是知识，还应该是"一生有用的东西"。成尚荣先生认为："一生有用的东西肯定是学生能带得走的，因为能带得走，才会对学生一生的发展起作用。带得走的东西，是说它不是停留在书本上，不是停留在教室里，不是'还给'老师。"

总之，教师所给予学生的东西一是内在的，而是已内化在学生的素质结构里的，成为学生的一种素质，是属于学生自己的；二是它不是暂时的，而是一直伴随着学生，不时地影响着学生的行为方式，不时地指导着学生的认知方向和认知风格；三是带得走的，实质上是可以再生的，它会伴随着学生经验的丰富、知识的更新以及时代的发展而更新、丰富、发展，产生新的内容和形态。

第三节　做一个有教学主张的教师

对于教师之于教学的重要性,美国教育心理学家古诺特博士曾说过这样一段话:"在经历了若干年的教师工作后,我得到了一个令人惶恐的结论,教学的成功与失败,'我'是决定因素。我个人采用的方法和每天的情绪是造成学生学习气氛和情境的主因。身为老师,我具有极大的力量,能够让孩子们活得愉快或悲惨,我可以是制造痛苦的工具,也可能是启发灵感的媒介;我能让人丢脸,也能让人开心;能伤人,也能救人。无论在什么情况下,一场危机之恶化或解除,儿童是否受到感化,全都决定于我。"

对于教师来说,真正的师者,对教育或教学应该有自己的想法、主张。著名教育家李吉林说:"我不敢说自己是一个思想者,但我觉得,即便是小学教师,也应该有自己的思想和教育主张,那么,我就可以大言不惭地说,我是一个思想者。"余文森教授认为:"一个优秀教师可能经验丰富、教学有方;可能'著作'等身,论文不少;可能挂上了高级教师、特级教师的头衔,获得了各种荣誉。但是缺乏自己的教学主张,从专业上讲,到头来他也还是一个无家可归的'流浪汉''门外汉'。他没有专业精神和追求上的归宿。"从中可见,教学主张对于教师的专业发展有深层价值。有了教学主张,优秀教师才能成为一名真正的思想者。

教学主张是教师在个人实践的基础上产生的,蕴含着教师的理想、信念、情感、意志和教育价值观,是教师个人对教学实践经验的理性升华和概括化的认识。教学主张是教师对教学的一种见解、一种思想,既是教育思想指导教学实践的具体化,也是教育理念在教学过程中的深化与聚焦,是教师对关于教育教学活动的观点、认识的系统梳理、整合、概括和提升,是教师对教学理论和教学实践的自我整体建构。教师的教学主张结构要素主要包括教学主张的核心理念、核心要素、基本模式、实践反思等维度。在相关理论指导下,基于长期的教育教学实践经验,围绕教学主张的结构要素进行系统的研究和反思,教师提出的教学主张才能在逻辑上更加自洽、结构上更加合理、表现形式上更加和谐,更容易得到广大同行的认同。

提炼教学主张的目的是提升教育教学的内涵,凝聚教育教学的精神,提升教育教学的品质,提挈教师生命的成长及专业发展的自觉,是促进教师形成持之以恒、一以贯之的教育教学的"灵魂"。

余文森教授提炼出了教师从优秀走向卓越的重要路径:每位优秀的教师都要学会提炼自己的教学主张。提炼教学主张的过程就是教育教学艺术及生命品质不断提升的过程。

一、提升理论素养

教学主张植根于教育思想,不同的教育思想、教育理念必然会产生不同的教学主张,只有从理论出发提炼教学主张,才能提炼出体现先进性、科学性的教学主张。教学主张的形成、发展与完善,需要以先进的教育理论作为指导,需要有丰富的理论基础。

(一)提升教育思想与教育理念素养

在教育教学实践中,教师要坚持学习哲学、认识论、社会学、心理学、教育学等学科的教育思想与教育理念,多阅读些哲学的书籍。数学教育哲学研究的主要问题不外乎数学的本质、数学学习活动的本质、数学教育的目的、数学教学活动的本质等。当然,这些核心的问题都会细化在日常教学的具体实践之中,或者说当我们进行具体实践行动时,我们总是免不了要对与此有关联的更为细化的一些问题做出回答。多一些哲学思辨,可以让我们更清楚地看清前进的方向和当下所处的状况,便于我们能够迅速地对自身的教学活动做出精确的判断,而不是被一些肤浅、浮躁的东西遮蔽着眼睛,阻碍着思维,制约着课堂。不容置疑的是,在日常教学中,反思、思辨已经得到了广大数学教师的重视,但是,大家的反思和思辨还过多地停留在知识教学、技术主义的层面,上升到数学教育哲学层面的很少。因此还要进行数学教育的哲学思考。

(二)提升数学专业素养

教学主张与学科教学紧密相关,要体现对学科本质的把握,因此,要不断地学习与数学学科相关的教育教学著作,从中汲取更多学科性的理论知识。

《中小学教师专业发展标准及指导:数学》给出了数学教师专业发展标准纲目(表 2-3-1)。从表格可以看出,数学教师的发展有两个维度四个领域 20 个标准,结果指标有三类:即从新手到熟练(55 个),从熟练到成熟(62 个),从成熟到卓越(48 个)。

表 2-3-1 数学教师专业发展标准纲目

维度	领域	标准	结果指标		
			从新手到熟练	从熟练到成熟	从成熟到卓越
2	4	20	55	62	48
维度一 专业基础	领域一 健全人格与职业道德	1. 爱岗敬业,履职尽责	4	4	4
		2. 关爱学生,教书育人	3	3	3
		3. 为人师表,严谨治学	2	2	2
		4. 热爱生活,身心健康	4	4	4
	领域二 学科与教育教学专业知识	5. 关于学科的知识	2	3	3
		6. 关于学生的知识	3	2	2
		7. 关于课程的知识	2	2	2
		8. 关于教学的知识及学科教学知识	1	2	2
		9. 科学与人文素养	3	3	2
维度二 专业实践	领域三 促进学生的学习与发展	10. 创设良好的学习环境	1	1	1
		11. 设计合理的教学方案	4	5	4
		12. 实施有效的教学活动	4	4	4
		13. 培养良好的学习习惯与指导学生学会学习	3		2
		14. 开展多元的学习评价	2	3	2
		15. 促进有效的课堂管理	2	2	2
维度二 专业实践	领域三 促进学生的学习与发展	16. 渗透思想品德教育与生活技能教育	2	2	2
		17. 实施积极的安全教育与健康教育	4	4	1
		18. 教育教学反思与行动研究	3	4	2
	领域四 教育教学研究与专业发展	19. 团结协作与经验分享	2	3	2
		20. 终身学习与持续发展	4	5	2

史宁中教授认为,作为一名合格的中小学数学教师,至少应该具有以下四个方面特有的数学素养:

(1)具有扎实的数学专业基础。最起码的要求是,对于中小学数学课程内容所涉及的几何学、代数学、统计与概率等领域的内容有初步的了解……而且能够理解高中数学的基本内容,把握初中数学的基本内容,尤其是与小学数学关联密切的内容,如小学负数与初中负数的异同。

(2)全面把握数学学科知识。特别地、比较清楚地把握数学科学体系中知识的核心思想,知道知识的来龙去脉,同时了解这些数学知识的教育价值。例如,义务教育阶段数学的本质是研究"关系"——数量关系、图形关系、随机关系。

(3)准确把握教材的新特征,明确其重点、难点和关键。实际问题的驱动是数学新教科书的突出特征,而问题的引入、概念的提出、公式的呈现都充分体现出教科书在创设有利于学生自主建构的外在环境方面的优势。

(4)坚持启发式教学原则,注重培养学生的学习兴趣与良好的学习习惯。在教学中,必须贯彻启发式教学原则,最大限度地吸引学生积极参与课堂教学,重点处理好"预设与生成"的关系,帮助学生理清思路。而引起学生思考的关键是与学生一起思考,为此,教师必须经常与学生"换位思考"。不仅如此,在教学中,教师还要通过各种机会有目的地培养学生的归纳能力,帮助学生积累数学活动经验。

上述四个方面的专业素养既涉及对数学基本知识体系的掌握和理解,也涉及具体教学实践的原则、方法,即现代数学教学法理论。后者是广大教师在专业成长和平时的教学研究中始终作为重点关注的,而前者常常成为数学教师专业素养的"短板"。我们能感受到,对初学数学教学的定位和评价,并不能只局限在初学数学的圈子里。或者说,只是初学数学教材的知识体系,是难以有宽阔的视野和高远的境界的。这也更加说明,"丰厚的专业素养"是数学教师必修的一项基本功。数学课堂要在简约化中走向丰富和深刻,良好的专业素养是重要的保障。提升数学教师的专业素养需要集中做好三件事情:

首先是理解数学抽象、推理、模型等核心数学思想,把握数学的主要思维特征。

数学研究的"抽象了的东西"是从现实世界中抽象出来的,依赖于人的经验。正如恩格斯在《反杜林论》中所阐述的:纯数学是以现实世界的空间形式和数量关系为对象的,也就是说,以非现实的材料为对象的。今天,对于数学抽象的本质,我们可以达成这样的基本共识:真正的知识是由感性的经验通过直观和抽象而得到的,并且,这种抽象是不能独立于人的思维而存在的。就抽象的深度而言,数学抽象大体上分为三个层次:

简约阶段——把握事物的本质,把繁杂问题简单化、条理化,能够清晰地表达。

符号阶段——去掉具体的内容,利用概念、图形、符号、关系表述包括已经简约化了的事物、在内的一类事物。例如,从两个苹果、两匹马等等价类中抽象出这类集合的共同特征。

普适阶段——通过假设和推理建立法则、模式或者模型,并能够在一般的意义上解释具体事物。

其次是正确理解中小学数学中的"关系",从整体上把握中小学数学课程内容。义务教育阶段数学的本质是研究"关系"——数量关系,图形关系,随机关系。

最后是有针对性地深入研究不同学段核心数学内容的学科本质,切实将数学专业功底的提高与研究中小学数学课程的核心内容融合在一起。

二、加强实践总结

教师的实践经验是教学主张凝练的基石。缺乏丰富的实践经验,教学主张的凝练将成为无本之木、无源之水。抛开丰富的实践经验另起炉灶,凝练出来的教学主张就会出现教学实践与教学主张的割裂,教学实践不能体现教学主张,教学主张不能指导教学实践。因此教学主张的锤炼应该回到教学实践中,指导教育教学实践,影响实践,促进教育教学改革发展。具体实施有两条路径。第一,将教学主张融入数学教材,教师用教学主张来认识和理解教材,将教学主张贯穿到教材解读中,使数学教材具有独特的个性和生命活力,不断地挖掘和提炼出教材中与教学主张结合较为紧密的内容,也进一步丰富个人教学主张;第二,将教学主张融入个人课堂教学过程,用教学主张指导课堂教学实践活动,课堂教学活动中充分体现自己的独特个性,进而形成、发展和完善自己的教学风格。

三、磨炼形成特色

教学主张是教师个人独特人格的组成要素,是教师的独特个性和风格。教学主张要内化为教师自己的习惯和品行。在这个过程中,要克服专业成长的"高原期"瓶颈,历经长期磨炼,才能真正凝练出具有时代特色和个人风格的教学主张,使教学主张真正成为卓越教师关键性的成果标志、形象标志。

提炼教育教学主张的过程是教师进行自我发现、自我认识、自我改善、自我塑造的过程。而这一过程就是对自我教育人生的"聚精会神"的过程,把看似没有主题的"教育教学生活"用"提炼教学主张"一根红线连串而成。这一教学主张是"画龙点睛",用这一精神让整体教育教学活动破壁而飞、活灵活现。提炼教学主张可以化繁为简、以约驭博,是唤醒自己教育教学智慧,唤醒学生心灵的一根魔杖。

笔者历经近三十年数学教学实践磨炼,提炼出了具有时代特色和个人风格的"简约化数学教学"的主张,让自己从平凡走向成熟,逐渐走向卓越。笔者还将继续从以下三个方面不断完善和发展"简约化数学教学"的主张。

（一）优化简约化思维

简约化数学教学最核心的就是简约化思维。所谓简约化思维,就是能快速抽取已有信息的核心内容,经过分析、比较、归纳后,透过现象看到本质,避繁就简地获得解决问题的途径和方法的思维形式。教师的简约化思维具有特别重要的作用:它可以帮助我们快速地确定教学的核心和重点,敏锐地捕捉教学中随时出现的生成性资源,准确地把握教学实施的最佳时机,恰当地回应学生学习中出现的各种疑问,迅速地对教学进程和效果做出判断,有效地采取教学调整行为。

数学教师的简约化思维能力就是一种化繁为简、以简驭繁、由表及里、去伪存真、深入浅出、厚积薄发的教学能力,这恰恰也是简约化数学教学的精髓所在。拥有简约化的数学思维应该成为数学教师修炼自身教学内功的重要内容,浸透在行动中,融化在血液里,铸就一份内在的"数学味",在数学教学舞台上烙上一份可以触摸的"印记"。

教师的任何教学技术的发展和教学行为的改变,只有从内心深处"生长"出来,才是最有效和最长久的,优化简约化思维同样如此。笔者在日常数学教学中思考问题时,有意识地抓住解决问题的主要矛盾;在规划教学思路时,尽可能多地减少旁枝末节,凸显主题和中心;应对教学中出现的各种"意外"时,能够迅速找到"意外"的根源,对症下药,靠船下篙。同时,对教学不断进行自我反思行动,不断地追问自己:我是这样做的,别人是怎样做的？我这样处理是否是最简洁的途径？优点在哪里？缺陷在哪里？把握的度在哪里？是否还有更为快捷的方式呢？唯有这样，"在游泳中学会游泳"，在反思中提升自我，我们才会获得"内心的敞亮"，让简约化思维带着我们走向简约教学的自由王国。

（二）让数学课堂充满张力

要让简约化数学课堂充满张力，达到艺术化的境地，就要能恰当处理教师主导与学生主体、课前预设与教学生成、鼓励探究与经济实用、学习知识与激发兴趣、简化程序与追求实效等各种教学关系，并在一个较高层次上实现多种关系的平衡；要能够在开放、动态、变化的教学情境中精确地把握教学的方向，实施有效的调控，没有丰富的教学经验和教育智慧做支撑，很难企及；要让数学课既充满文化气息，又彰显数学学科的本质。有位哲人说："简单到极致，就是美丽"。简约化的数学课堂必然是美丽的课堂，这种美不是表面的虚华和色彩的绚丽，而是教师个性化教学思想光辉的折射，是数学学科本身逻辑、严谨、充满理性精神的魅力凸显，是学生在教师"四两拨千斤"引导下自主学习完美的演绎……对美的数学课堂的追求既是现实的也是理想的，向着这样的目标迈进，"简约化数学教学"就能和教育的真善美目标达到融合和统一。如此看来，如果一位数学老师能修炼到站在学生面前就是一个"活数学"的化身，全身透露出数学的气息，是智慧的使者，让学生感受到数学是有趣的、让人聪明的，那他的数学课堂就一定会让他的学生对数学多一份油然而生的痴迷、多一份纯粹忘我的投入、多一份高贵气质的沉淀。这是师生共舞共生的简约数学课堂的至美境界。

笔者用简约化思维指导着数学课堂教学实践，结合课题研究，让数学课堂充满张力，对初中的数学教材进行简约化的创新（见第三章），并在数学课堂教学实践中创建了简约化数学的导学课、概念课、练习课、活动课、复习课、试卷讲评课六类课型（见第四章），形成了自己的教学风格。

（三）提升教师的教学品质

我们的教育对象是学生，再丰富、再深刻的数学理论都必须转化成贴近学生的数学教学、数学学习活动，才能使数学课堂充满着生机和魅力。而要达到这样的境界，教师要努力提升自己的教学品质。

1. 让数学教学变成数学研究，提升数学教学的创造品质

"有品质的数学教学"一定是创造的教学。无论对教师还是学生，教学

都是精神创造,我们有自己思想的体现和表达,自身个性的舒展与生长。教学中当然有分门别类、各式各样的知识,但这些知识应该是教师、学生思想创造的资源、解读的文本、交往的"伙伴",而不是等待传递和内化的对象。让我们从数学教学与研究中体会数学的理性思维及严谨之美。

2. 让数学教学变成生活,提升数学教学的生活品质

"有品质的数学教学"一定是追寻内在数学价值的教学。对我们来说,有意义的数学教学一定是能体验到且能激发起我们美好体验的数学教学。数学教学是当下的生活,也一定是为未来生活做准备。初中学生的生活是其人生最美好的阶段,数学课中的德育教学一定是让我们把这一阶段的初中生活过得更充实、有尊严并难以忘怀,让我们在数学课堂上持续生长、发展并体会其人生价值。

3. 让数学教学变成对话,提升数学教学的关系品质

"有品质的数学教学"一定是追求平等精神、关系价值和关系认知的教学,教学的重心既不在教师也不在学生,而是处于教师和学生之间。最能体现这种"教学关系"的是对话。对话不仅是一种教学平等、教学民主的追求,还是一种教学认识方式。教师正是在学生的质疑中、与学生的讨论中、向学生学习的过程中不断获得发展的,学生正是在与老师和同伴的交流、合作、探究、分享中不断获得成长的。因此,目前教学亟须转变"权威—服从"的教学价值观,追求教学平等和民主,让每一个教师和学生在数学课堂上都实现"对话人生"。

从简约数学教学的角度看提升教学品质,就是要让看似简单的课堂充满"数学"的气息、生活的气息、人文的气息、创造的气息,成为有品位的课堂、对话的课堂、生命的课堂。概而言之,提升教学品质就是潜心铸造简约化数学教学。

教师的思维方式、教学实践、教学品质等是教学主张中至关重要的部分,其中,思维是核心,实践是基础,品质是支柱,它们是有机统一的,基本能撑起简约化数学教学的巍峨大厦。具有这样素质的数学老师,自然也会拥有一种"高贵而丰满的学科气质"。

教学主张的提炼不是一蹴而就的,也不是静态不变的。教学主张会随着相关理论研究成果的推陈出新,随着教师教育教学经验的积累和教育教学反思的升华,不断形成、发展和完善。

第三章

简约化数学教学的教材创新

按照《义务教育数学课程标准(2011 年版)》的基本定位,数学教材是实现数学课程目标、实施数学教学的重要资源。具体说来,数学教材是数学课程理念的基本物化形式,是学生学习数学、教师教授数学的最基本蓝本,是连接"数学课程目标"与"数学课堂教学"的最主要桥梁。

教材的编写以《义务教育数学课程标准(2011 年版)》为基本依据,是对数学学习和数学教学过程的刻画和定位。一般而言,课堂中的教材有两种不同的形态,其一是以正式文本形式印制的"教科书",其二是经过教师加工的教学设计。在实际教学活动中,教学设计对教学产生的影响往往更大,它们可以被视为"执行中的教材"。有效的教学设计常常是教师将自己的教学实际(学生状况、教学环境、教学技术、自身特长等)与对教材的认识结合以后,形成对教材的加工产品,体现了教师的教学创造性。

如何创造性地使用教材,对提高教学质量起着至关重要的作用。当前在教材的使用上,按图索骥,照本宣科地"教教材"的教师大有人在,不同的教材处理方式表现出不同的教材观。有创造性的教材重在实质,不是只追求形式上的改变,重要的是体现数学课程标准的理念与目标。因此,在数学课程实施中,教师必须认真学习和研究数学课程标准,以课程标准为依据,结合自身对教材的理解,合理地使用教材。

第一节　教材的简约化使用

教材是教学活动的重要载体和基本依据,是师生间互动、交流、沟通的纽带。教师对教材的研读与选取水平直接决定着课堂教学的组织、实施和效果。回想起来,在相当一段时期内,教材的权威是无可撼动的,课堂的组织和调控、考查的范围和难度、评价的指标和体系等都要以此为依据。每逢教学理解出现分歧、考试试题出现争议时,大家都会不约而同地拿起教材,从中找寻可以用来证明自己观点或者说服他人的依据。"以纲为纲,以本为本"一度成为教学的流行语。当然,这种教材至上的思潮也给教学带来了不少负面影响,引发了众多异议,甚至指责。随着新课程改革的实施,新教材的开发和建设呈现出"百花齐放,百家争鸣"的崭新局面,人们的教材观也在悄悄发生改变。"教材是个例子",其大意是说,教材只是教材编写者在编写过程中选择的一个事例或特例,教学中,教师完全可以从教学实际出发,合理选择贴近自己教学的素材,确定个性化的教学思路,不必完全照搬教材。此观点体现了教学的开放性、自主性和资源的选择性、多样性,是对传统教材观的积极超越。

如何简约化地使用教材呢? 下面将从六个方面来谈。

一、结构性思维

所谓结构性思维指的是数学的知识体系、数学教材的编排、数学课堂教学的组织、学生的数学学习都以整体建构的方式进行,它在数学教学和学生数学学习中完全具有"带得走"的特质,应该贯穿在数学教学的各个环节之中。

结构是万物存在的客观要素,张奠宙教授指出:"数学教学需要从整体上把握。要恢复学生火热的思考,就要帮助学生揭示数学的内在联系。"叶澜教授也认为,"要让学生掌握学习的主动权利,最有效的是掌握和运用知识结构。结构具有比知识点要强得多的组织和迁移能力。每个学科都有自己的结构群,对不同学科结构群的学习、内化,有助于学生头脑中形成诸多有差异又能相通的结构群和结构思维的方法,这对于学生在陌生复杂的新环境中用综合的眼光发现问题、认识问题和解决问题具有基础性作用,是身处复杂多变时代的人生存、发展所需要的一种基础性学习能力,也是学生的学习能力自我增生的重要基础。"很显然,这种对"内在联系"的把握和对"知识学构"的梳理,首先要从教材研读开始。为了组织最佳的知识结构,布鲁纳曾提出了三条组织原则:一是表现方式的适应性原则,指学科知识结构的呈现方式必须与不同年龄学生的认知学习模式相适应;二是表现方式的经济性原则,指任何学科内容都应该按最经济的原则进行排列,在有利于学生的认知学习的前提下合理地简约;三是表现方式的有效性原则,指经过简约的学科知识结构应该有利于学生的学习迁移。

例如,初中教材"方程(组)的解法"的编排(人教版第 3 章的一元一次方程、第 8 章的二元一次方程组、第 21 章的一元二次方程)中每一节或章的结构体系,都是按以下的结构流程编排的(如图 3-1-1):

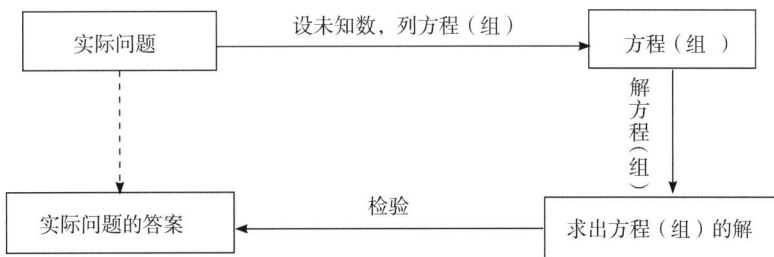

图 3-1-1

因此,每一章甚至每一节都应按这样的结构性思维进行教学设计,并逐步强化这种结构性思维,从这个角度来分析,数学认知的发展具有无限可能性。这也就是皮亚杰所指出的:全部教学都可以按照结构的建构来考虑,而这种建构始终是完全开放的……当数学实体从一个水平转移到另一个水平时,它们的功能会不断地改变;对这类"实体"进行的运演,反过来又成为理论研究的对象,这个过程再一直重复下去,直到我们达到了一种结构为止,这种结构或者正在形成更强的结构,或者再由更强的结构来予以结构化。了解数学知识编排中的这种内在结构,可以让我们在教学时多一些"系统"眼光,多一些整体考虑,在此基础上,把学科知识结构与学生的思维结构整合起来,打造一堂有结构的课,这是教学走向简约化的理想选择。更为重要的是,结构化的数学课堂带给学生更多的是一种宏观视野、一种整体思维、一种建构启示。也就是说,这种结构性思维不仅仅是教师在选取教材时所需要的,也是学生发展所需要的。特别是初中学生的认知结构正在逐步形成,教学中,要让学生感觉到数学知识是整体连贯的(初中的学习是小学六年学习的延续,同时,也是后续高中学习的基础)。

二、核心性思维

所谓核心性思维指的是在教材研读中要能一下子抓住教学内容的核

心和精髓。教材是执行课程标准与体现课改精神的载体,也是众多教育专家和一线教师智慧的结晶,创建简约化的课堂教学,要遵循这一教学的基本原理,即把深入研读教材、反复叩问教材、领会编者意图、挖掘内隐意蕴、把握教材精髓作为数学教学活动最基本的出发点。如案例3-1-1。

案例 3-1-1

"球赛积分表问题"的教学设计(人教版教材)

一、内容分析

(一)课标要求

(1)能根据具体问题中的数量关系列出方程,体会方程是刻画现实世界数量关系的有效模型;

(2)能解一元一次方程,检验方程的解是否合理。

(二)教材分析

(1)知识层面:学生已在七年级上册学习了有理数运算、整式及其加减,这是解方程的基础,随后,又掌握了一元一次方程的概念及其解法、学习了一元一次方程的有关应用,在此基础上,通过本节课的学习,要求学生既能借助"表格"分析螺钉和螺母配套的数量关系,又能利用方程的思想解决问题,突出方程在建模学习中的方法价值,为后续二元一次方程、分式方程、一元二次方程、一元一次不等式(组)的应用及函数知识学习打下基础。

(2)能力层面:用教材的"螺钉和螺母配套"问题基本素材作载体,让学生在具体情景中从数学的角度提出问题、用列表方法分析问题,找到等量关系,列出方程并求解。这种尝试不同的设元方法列方程的开放性问题有利于培养学生发散思维的能力。运用"列表法"分析并建立一元一次方程来解决实际问题的过程,旨在培养学生把生活中的实际问题转化为数学模型的能力,让学生亲身经历将实际问题抽象成数学模型并进行解释与应用的过程,体现数学知识的形成与应用过程,使学生明确方程是研究现实世界数量关系的重要数学模型,为今后学习列方程组解应用题打下基础。同时,运用"列表"建立方程、解决实际问题是一个数学化的过程,这个过程能培养学生文字语言、图表语言、符号语言这三种语言的转换能力。

(3)思想层面:本节课所渗透的数学思想主要包括两个方面:一是通过运用方程解决实际问题的过程,让学生感受方程作为刻画现实世界数量关系有效模型的意义,体会模型思想。二是在借助"列表"分析问题的数量关系过程中,渗透数形(表)结合的思想,提高应用数学的意识。

(三)学情分析

学生在小学已经学过有关简单配套问题,初步感受到方程是解决实际问题的一种有效途径,但用"列表法"分析配套的应用题掌握得还不是很好;七年级学生还不具备小组交流、合作、探究的能力。

二、教学目标

(1)掌握应用方程解决实际问题的方法步骤,提高分析问题、解决问题的能力。

(2)通过探索球赛积分表中数量关系的过程,进一步体会方程是解决实际问题的数学模型,并且明确用方程解决实际问题时,不仅要注意解方程的过程是否正确,还要检验方程的解是否符合问题的实际意义。

三、教学重难点

(1)重点:从积分表中找出相等关系,把实际问题转化为数学问题,不仅要会列方程求出问题的解,还要会进行推理判断。

(2)难点:从积分表中找出相等关系,把实际问题转化为数学问题。

四、教学策略

问题教学法,综合分析法,小组合作交流法。

五、教学过程

(一)复习旧知

(1)一元一次方程解决实际问题的一般步骤:

①设未知数;②列方程;③解方程;④检验所得结果,确定答案;⑤作答。

(2)再现列表法分析问题中的数量关系:正确分析问题中的相等关系是列方程的基础,列表使得数量关系更直观。

人教版教材七年级上册 P100 例1　某车间有 22 名工人,每人每天可以生产 1 200 个螺钉或 2 000 个螺母。1 个螺钉需要配 2 个螺母,为使每天生产的螺钉和螺母刚好配套,应安排生产螺钉和螺母的工人各多少名?

问题1　请通过列表表述它们之间的关系。(学生小组讨论)

【设计意图】培养学生的列表能力。

问题2(追问)　请把下列表格补充完整,并列方程。

(1)根据要求填写表 3-1-1。

表 3-1-1　工人数量和生产产品数量的关系 1

产品	工人数量	生产数量
螺钉	x	
螺母		

列方程：

(2)根据要求填写表 3-1-2。

表 3-1-2　工人数量和生产产品数量的关系 2

产品	工人数量	生产数量
螺钉		
螺母	x	

列方程：

(3)根据要求填写表 3-1-3。

表 3-1-3　工人数量和生产产品数量的关系 3

产品	工人数量	生产数量
螺钉		x
螺母		

列方程：

(4)根据要求填写表 3-1-4。

表 3-1-4　工人数量和生产产品数量的关系 4

产品	工人数量	生产数量
螺钉		
螺母		x

列方程：

【设计意图】通过不同的设元列出不同的方程,再解方程,用类比的思维比较它们的优劣,体会发散思维与类比思维。

(二)合作探究

人教版教材七年级上册 P103"某次篮球联赛积分榜"(如表 3-1-5)。

表 3-1-5　某次篮球联赛积分榜

队名	比赛场次	胜场	负场	积分
前进	14	10	4	24
东方	14	10	4	24
光明	14	9	5	23
蓝天	14	9	5	23
雄鹰	14	7	7	21
远大	14	7	7	21
卫星	14	4	10	18
钢铁	14	0	14	14

问题 3　从以上表格中你能得到什么信息?

问题 4　列式表示积分与胜、负场数之间的数量关系(提示:胜场数或负场数不确定时,可以用含字母的代数式来表示)。

问题 5　有没有某队的胜场总积分能等于负场总积分呢?

(列方程解实际问题时,不仅要注意解方程的过程是否正确,还要注意检验方程的解是否符合问题的实际意义。)

【设计意图】读表获取信息,并加工信息,培养学生分析问题与解决问题的能力。

(三)练一练

人教版教材七年级上册 P106 练习 3　表 3-1-6 是某校七～九年级某月课外兴趣小组活动时间统计表,其中各年级同一兴趣小组每次活动时间相同。

表 3-1-6　课外兴趣小组活动时间统计表

年级	课外小组活动总时间/h	文艺小组活动次数	科技小组活动次数
七年级	12.5	4	3
八年级	10.5	3	3
九年级	7		

请将九年级课外兴趣小组活动次数填入上表 3-1-6。

【设计意图】巩固读表获取信息与解方程的能力,特别是解不定方程(或是方程整数解问题)的能力。

（四）拓展延伸

问题6 如下表 3-1-7，即删去表 3-1-5 积分榜的最后一行，你还能利用方程求出胜一场积几分，负一场积几分吗？

表 3-1-7 某次篮球联赛积分榜

队名	比赛场次	胜场	负场	积分
前进	14	10	4	24
东方	14	10	4	24
光明	14	9	5	23
蓝天	14	9	5	23
雄鹰	14	7	7	21
远大	14	7	7	21
卫星	14	4	10	18

问题7 如下表 3-1-8，即表 3-1-5 积分榜仅剩下一行，你还能利用方程求出胜一场积几分，负一场积几分吗？

表 3-1-8 某队篮球联赛积分榜

队名	比赛场次	胜场	负场	积分
前进	14	10	4	24

【设计意图】体会表格中不同行列的信息之间的相互关系，有限个的行对列方程与解方程的影响，及实际问题背景下如何解决这些问题。

（五）课堂小结

(1)解决表格问题的一般步骤(关键是"列表""识表"和"用表")；

①观察表格，获取有效信息；

②对已获信息进行加工整理，(通过列表)分析有关数量关系，找出主要的相等关系；

③选择适当的数学工具(一元一次方程)，通过建模解决问题。

(2)把实际问题转化为数学问题，不仅会列方程求出问题的解，还会进行推理判断。

(3)方程是解决实际问题的数学模型，用方程解决实际问题时，不仅要注意解方程的过程是否正确，还要注意检验方程的解是否符合问题的实际意义。

（六）作业布置

人教版教材七年级上册 P107 第 8 题、P112 第 9 题。

这节课总体上看，教学目标明确，突出了列表法的应用。无论是"复习旧知"环节所选取的例题、新课所讲授的例题，还是巩固练习、课后作业题，都围绕本节课的核心问题"通过识表（列表）获取信息，列出方程，最后解决实际问题"展开。这就是核心性思维的应用，也是核心性思维的体现。

三、优化性思维

所谓优化性思维指的是在研读与选取教材时要从教学实施最优化的角度来考量教材的实用性，对教学过程进行一种初步判断，对教学效果产生某种预期，认真研读教材，找寻教材的核心和精髓。事实上，在教材研读与选取过程中，每位老师都会带着自己的教学经验和教学理解，带着对课堂教学的预期而对教材进行二次加工，二次加工的过程是一个活化教材、优化教材的过程。如"5.3.1 平行线的性质"的三种教学方案：

"平行线的性质"前一节主要学了平行线的判定（探索直线平行的条件）。本节有两个知识点：①平行线性质的推理；②平行线性质的简单应用。《义务教育数学课程标准（2011 版）》的教学要求是掌握"平行线的性质定理：两条平行直线被第三条直线所截，同位角相等"，并了解该平行线性质定理的证明；探索并证明"平行线的性质定理：两条平行直线被第三条直线所截，内错角相等（或同旁内角互补）"。

方案 1："平行线的性质"这节课的教学过程分成四个环节：①情境导入，初步认识；②思考探究，获取新知；③运用新知，深化理解；④师生互动，课堂小结。在第一环节中，利用同位角相等，或者内错角相等，或者同旁内角互补，可以判定两条直线平行。反过来，如果两条直线平行，同位角、内错角、同旁内角各有什么关系呢？

第二环节：思考探究，获取新知

活动 1　发现结论

问题 1　如图 3-1-2，直线 $a/\!/b$，直线 a、b 被直线 c 所截。

（1）请根据图形（导学案）用量角器测量∠1 与∠2 并填表 3-1-9。

表 3-1-9　角度数据

角	∠1	∠2	∠1 与 ∠2 的大小关系
度数			

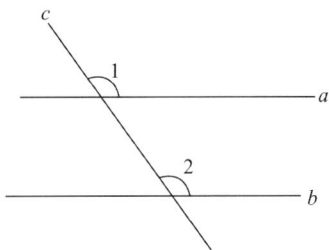

图 3-1-2

(2)如果 a 与 b 不平行,∠1 与 ∠2 还有以上关系吗?

(3)通过(1)(2)的探究,你能得到什么结论?

活动 2　验证结论

问题 2　如图 3-1-3,直线 a∥b,则∠3 与∠2 相等吗?为什么?∠3 与∠4 互补吗?

思考:(1)你能根据以上探究,归纳出平行线的三个性质定理吗?

(2)平行线的性质定理与相应的判定定理有怎样的关系?

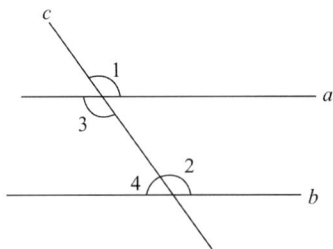

图 3-1-3

活动 3　归纳结论

(1)平行线的性质:

①性质 1:两条平行线被第三条直线所截,同位角相等。简单说成:两直线平行,同位角相等。

②性质 2:两条平行线被第三条直线所截,内错角相等。简单说成:两直线平行,内错角相等。

③性质 3:两条平行线被第三条直线所截,同旁内角互补。简单说成:两直线平行,同旁内角互补。

(2)平行线的性质定理与相应的判定定理的已知部分和结论部分正好相反,它们是互逆关系。

学生先从活动 1 用测量的方法猜想得到平行线的性质 1,再用性质 1 用演绎推理的方式推导性质 2、性质 3,最后,教师归纳了探索得出的平行线的三大性质定理,之后进入第三环节"运用新知,深化理解"。

第三环节中,列举了很多例题、练习进行巩固训练;第四环节进行归纳总结,类比平行线的性质与判定。

方案 2:"平行线的性质"这节课的教学过程分成四个环节:①复习旧知,感知新知;②探究推理,获取新知;③强化练习,运用新知;④课堂小结,巩固新知。在第二环节"探究推理,获取新知"中,如图 3-1-4,安排了三项

活动:

活动 1 从图 3-1-4 的 8 个角中能找出几对同位角? 并从所找的几对同位角中,任意选一对用量角器度量,你有什么发现?

活动 2 如图 3-1-5,在一般情况下,如果直线 a 与直线 b 平行,直线 l 与直线 a,b 分别交于点 O,P 两点,那么其中的同位角 $\angle 1$ 与 $\angle 2$ 必定相等吗?

追问:如果 $\angle 1$ 与 $\angle 2$ 不相等,会出现什么情况呢?

分析:此时,如图 3-1-5,可以以点 O 为顶点,画另一个角 $\angle 3$,使 $\angle 3 = \angle 2$,这样就画出了过点 O 的另一条直线 c。

由于 $\angle 3 = \angle 2$,根据"同位角相等,两直线平行",可以得到 $c /\!/ b$。

此时你会发现过点 O 竟有两条直线 a,c 与 b 平行,这就与"经过已知直线外一点,有且只有一条直线与已知直线平行"矛盾了。因此,$\angle 1$ 与 $\angle 2$ 一定相等。

这就是说:两条平行线被第三条直线所截,同位角相等。

简单地说:两直线平行,同位角相等。

活动 3 根据"两直线平行,同位角相等"的性质,用推理的方法推导出"两直线平行,内错角相等""两直线平行,同旁内角互补"的性质。(分析并规范地书写推导过程)

如图 3-1-6。

∵ $a /\!/ b$(已知),

∴ $\angle 2 = \angle 3$(两直线平行,同位角相等)。

又∵ $\angle 1$ 与 $\angle 3$ 是对顶角,

∴ $\angle 1 = \angle 3$(对顶角相等)。

∴ $\angle 1 = \angle 2$(等量代换)。

结合图 3-1-7,用上述推理方法得到 $\angle 1$ 与 $\angle 2$ 的数量关系,并进行规范书写(略)。

第三环节,举一些简单的例题进行强化训练,巩固平行线的三大性质;第四环节,课堂小结,总结本节课所学知识。

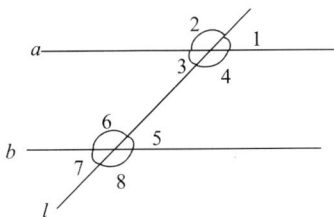
图 3-1-4

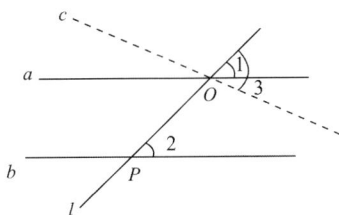
图 3-1-5

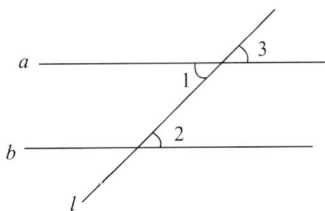
图 3-1-6

　　方案 3:"平行线的性质"这节课的教学过程分成五个环节:①问题引入;②实践探究;③课堂巩固;④课堂小结;⑤课后作业。教师从第 1 环节的问题引入:请同学们先复习前面所学过的平行线的判定方法,并说出它们的已知和结论分别是什么? 再要求大家把思维的指向反过来:如果两条直线平行,那么同位角、内错角、同旁内角的数量关系又该如何表达?

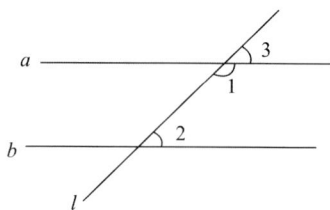

图 3-1-7

　　第二环节:实践探究

活动 1　探究过程

　　(1)画图活动:用直尺和三角尺画出两条平行线 $AB/\!/CD$,再画一条截线 EF 与直线 AB,CD 相交,标出所形成的 8 个角(同位角、内错角、同旁内角)。

　　(2)测量这些角的度数,把结果填入表 3-1-10 中。

表 3-1-10　测量数据

角	$\angle 1$	$\angle 2$	$\angle 3$	$\angle 4$	$\angle 5$	$\angle 6$	$\angle 7$	$\angle 8$
度数								

　　(3)根据测量所得数据进行讨论。

　　①图中哪些角是同位角? 它们具有怎样的数量关系?

　　②图中哪些角是内错角? 它们具有怎样的数量关系?

　　③图中哪些角是同旁内角? 它们具有怎样的数量关系?

　　(在详尽分析后,让学生写出猜想。)

　　④学生验证猜测。

　　活动:如果改变 AB 和 CD 的位置关系,即直线 AB 与 CD 不平行,那么刚才发现的结论还成立吗? 请同学们动手画出图形,并用量角器量一量各角的大小,验证一下你的结论。

　　结论:当直线 AB 与 CD 不平行时,前面的猜想都不成立。这说明只有 $AB/\!/CD$ 时,猜想才能成立。

　　(5)归纳平行线的性质(师生共同归纳,并板书)。

　　问题 1　请大家仔细分析一下前面所得出的结论,观察它们的表现形式,你可以将它们的关系分为哪几类呢?

结论:可以分为两类:一类是两个角相等;另一类是两个角互补。

①具有相等关系的两个角,有的是同位角,有的是内错角;

②具有互补关系的两个角,则是同旁内角。

问题 2　对同位角、内错角、同旁内角进行归纳总结,若两条平行线被第三条直线所截,你可以得出哪些结论?

结论:若两条平行线被第三条直线所截,则(1)同位角相等,(2)内错角相等,(3)同旁内角互补。

简单地说就是(板书)两直线平行,(1)同位角相等,(2)内错角相等,(3)同旁内角互补。这就是本节课我们所要研究的课题——平行线的性质。

活动 2　性质证明

由活动一探究过程已经得到:两条平行线被第三条直线所截,同位角相等,简单地说,就是两直线平行,同位角相等。

下面以此为基础,我们来证明:

问题 1　两直线平行,内错角相等;(第 1,3 两组,甲组)

问题 2　两直线平行,同旁内角互补。(第 2,4 两组,乙组)

(要求两大组各派 1 位同学上台板演)

学生甲组:如图 3-1-8。

∵ $AB /\!/ CD$(已知)

∴ $\angle 3 = \angle 5$(两直线平行,同位角相等)

又∵ $\angle 1 = \angle 3$(对顶角相等)

∴ $\angle 1 = \angle 5$(等量代换)

学生乙组:如图 3-1-8。

∵ $AB /\!/ CD$(已知)

∴ $\angle 3 = \angle 5$(两直线平行,同位角相等)

又∵ $\angle 3 + \angle 4 = 180°$(邻补角的定义)

∴ $\angle 4 + \angle 5 = 180°$(等量代换)

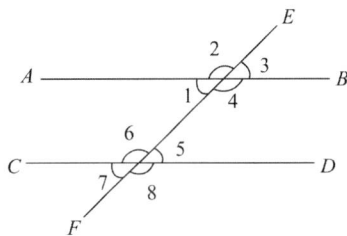

图 3-1-8

课堂节录

师:活动一与活动二都是发现平行线的性质;方法一样吗?

生 1:活动一是用测量验证的方法,而活动二是用说理的方法;

师:能否用活动一测量验证的方法推导"两直线平行,内错角相等;两直线平行,同旁内角互补"?

生 2:可以的,上述活动一就是用这种方法推理。

师：那能否用活动二说理的方法推导"两直线平行,同位角相等"?

生 3：若知道了"两直线平行,内错角相等"或"两直线平行,同旁内角互补"是可以推导的。

师：若上述方法都不用,进行说理推导,是否还有其他方法呢?

生：没有(思考片刻)。

思考题：此题可从反面去假设说理,这道题目作为课后思考题。（教师提示并布置）

评析：方案1平行线性质的推导过程中,从测量∠1与∠2的度数并判断相等,因而猜想出"两直线平行,同位角相等"的性质的合情推理过程,没有列举更多例子进行推理,不利于培养学生的归纳能力;而用"两直线平行,同位角相等"推导出"两直线平行,内错角相等;两直线平行,同旁内角互补"的性质的演绎推理过程,没有强化推理过程的规范书写。因此方案1中,合情推理与演绎推理的过程都略显不足,不利于培养学生有理、有序的思维,不利于学生推理能力的发展。

方案 2 的第二环节突出了推理,(1)对于平行线性质 1,先从测量、猜想的合情推理得到结论,再用"反证法"的思路进行演绎推理;(2)活动 3 的教师分析过程,引导学生用不同方法得到内错角相等,并能用简洁的符号化语言进行演绎推理过程书写,应该说本案例对于推理,特别是演绎推理的分析与书写要求很到位。方案 2 存在的主要问题:(1)太过于强化演绎推理,从而淡化了合情推理;(2)第二环节的活动 2 用"反证法"证明"∠1 与∠2 一定相等",这样的推理对于七年级学生来说要求太高了。

方案 3 确立了本节课的重点是平行线性质的推导过程,特别是先合情推理,后演绎推理,这两种推理交叉使用,值得提倡。而演绎推理的符号化语言的规范书写,先从一段论,到这节课的两段论,直到今后的三段论,这是有序性且阶段性培养学生的推理能力。方案 3 有"生长点""延伸点",即课后思考题:用说理的方式说明"两直线平行,同位角相等",教师的解析说明也证明了初中演绎推理的必要性。

对三个方案进行比较,方案 3 更优化,体现了"优化性思维"。当然,教材中的"优化性思维"也是和灵活性紧密相关的。"优化"的基准因每个人的知识经验、价值取向、观察思考问题的角度、班级学生的学习状况不同而不同。

四、问题性思维

陶行知先生说过："创造始于问题。"不会提问就难以创造,问题和提问是创造的前提和基础。"问题式"教学尽可能地给学生创造一个良好的提出问题、分析问题、解决问题的情境,使其在这个情境中自主学习、自主发展、逐步养成良好的自学习惯,带动学生各方面能力素质的全面提高和发展。

所谓问题性思维,就是在研读与选取教材时,不能仅就教材中的内容进行分析和解读,还要结合平时自己的教学体会和思考,尤其是从学生数学学习的角度,对教材内容做更多的问题性设计,让学生在这样的问题设计中得到更好的学习,更好地掌握数学知识、方法、思想。建构主义学习理论强调:学生的学习活动必须与问题相结合,以探索问题来引导和维持学生的学习兴趣和动机,让学生带着问题思考、带着问题探究,使学生拥有学习的主动权。通过学生的自主学习,一方面使知识由外向内转移和传递,知识不断丰富;另一方面学生在自主建构知识的过程中能力不断地发展和提高。以问题性思维处理教材来建构数学课堂教学设计就是针对如何培养学生的创造能力,注重学生的发展而提出的。如"8.2 消元——解二元一次方程组(第 1 课时)"的教学过程:

一、引发思考

同学们,上节课我们学习了什么是二元一次方程组以及二元一次方程组的解。这节课,我们就来学习如何解二元一次方程组。

问题 1　解方程组 $\begin{cases} y=2, \\ x+y=10。 \end{cases}$

【设计意图】让学生初步体验代入法解二元一次方程组。

问题 2　解方程组 $\begin{cases} y=2x, & ① \\ x+y=10。 & ② \end{cases}$

学生活动:把 $y=2x$ 代入第二个方程的 y 中。

追问:把 $y=2x$ 代入②的目的是什么呢?

【设计意图】在问题 1 后抛出问题 2,让学生了解代入法解二元一次方程组的基本思想——消元。

二、新知建构

【提出新知】

消元思想:在上述解二元一次方程组的过程中,二元一次方程组中有两个未知数,如果消去其中一个未知数,那么就可以把二元一次方程组转化为我们熟悉的一元一次方程,可以先求出其中一个未知数,然后再求另一个未知数。这种将未知数的个数由多化少,逐一解决的思想,叫消元思想。

问题 3　解方程组 $\begin{cases} x+y=22, ① \\ 2x+3y=40, ② \end{cases}$

追问 1:能不能转化为问题 2 中的方程组形式?

追问 2:如何变形? 哪个方程变? 怎么变?

【设计意图】引例中的方程组可以直接代入消元,而这一个方程组需要将方程进行变形,由浅入深,让学生进一步体会消元的关键是把一个未知数用含另一个未知数的式子表示出来,从而深化其对消元思想的认识,发展其运算能力。

学生活动:

(甲方案)由①得:$y=22-x$　③

把③代入②得:$2x+3(22-x)=40$。

解得:$x=26$。

追问 3:能把③代入①吗?

追问 4:如何求 y?

学生回答:把 $x=26$ 代入③,得 $y=-4$。

追问 5:能把 $x=26$ 代入①或②吗?

【设计意图】通过上述几个追问,代入哪个方程? 解出一个 x 后如何求 y? 让学生从算理算法的角度进一步明晰解方程组的基本步骤。

追问 6:能先消 x 化为关于 y 的一元一次方程吗?

【设计意图】调动学生思维的积极性,让学生发现消元的途径并不是唯一的,可以根据方程特点选择消元,提高学生的判断能力。

(乙方案)由①得:$x=22-y$。④

把④代入②得:$2(22-y)+3y=40$。

解得:$y=-4$。

把 $y=-4$ 代入④得:$x=26$。

所以原方程组的解为 $\begin{cases} x=26, \\ y=-4。 \end{cases}$

教师总结:代入法是把二元一次方程组中一个方程的一个未知数用含另一个未知数的式子表示出来,再代入另一个方程,实现消元,进而求得这个二元一次方程组的解。这种方法叫作代入消元法,简称代入法。

问题4　代入法解二元一次方程组的过程中,你认为哪一步最重要?为什么?

(代入,把二元一次方程组转化为一元一次方程。)

问题5　代入消元前,先要做什么?(用含一个未知数的式子表示另一个未知数。)

【设计意图】使学生明确代入消元法的关键在于"代入",把二元一次方程组转化为一元一次方程。

三、引导发展

回顾整个解方程组的程序(如图3-1-9)。

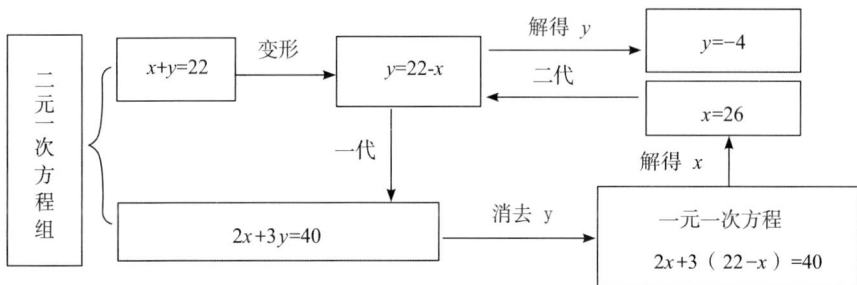

图 3-1-9

【设计意图】让学生经历用代入法解方程组的过程,并给出解方程组的框图,促进学生对算理算法的理解,发展运算能力。

四、应用新知

例1　用代入法解方程组 $\begin{cases} x-y=3, & ① \\ 3x-8y=14。 & ② \end{cases}$

分析:方程①中 x 的系数是1,用含 y 的式子表示 x ,比较简便。

解:由①得: $x=y+3$ 。③

把③代入②,得: $3(y+3)-8y=14$ 。

解得: $y=-1$ 。

把 $y=-1$ 代入③得: $x=2$ 。

所以原方程组的解为 $\begin{cases} x = 2, \\ y = -1 \end{cases}$。

【设计意图】固化解方程组的步骤,并通过观察发现方程组中未知数的系数为 1(或 -1)时,选择系数为 1(或 -1)的方程变形,用代入法比较简便。强化求简意识,发展运算能力。

五、巩固提升

用代入法解方程组 $\begin{cases} 3x + 4y = 3, \\ 5x - 2y = 2 \end{cases}$。

【设计意图】本题旨在训练学生思维的灵活性,需要先分析方程组的结构特点,合理选择简捷的运算途径,是提高运算能力的关键。同时,深化学生对消元思想的理解。

六、成效评价

(1)把方程 $2x - 4y = 1$ 改写成用含 x 的式子表示 y 的形式是＿＿＿＿＿＿。

(2)方程组 $\begin{cases} y = 2x, \\ 3y + 2x = 8 \end{cases}$ 的解是(　　)。

A. $\begin{cases} x = -2 \\ y = 1 \end{cases}$ 　　B. $\begin{cases} x = 1 \\ y = 2 \end{cases}$ 　　C. $\begin{cases} x = -1 \\ y = 2 \end{cases}$ 　　D. $\begin{cases} x = 2 \\ y = 3 \end{cases}$

(3)用代入法解方程组 $\begin{cases} \dfrac{1}{2}x - y = 3, \\ 3x - 8y = 14 \end{cases}$。

【设计意图】以上练习由易到难、由简到繁,既是对本节课所学内容的回顾,又是运算能力的再次提升与发展。

七、归纳总结

(1)代入法解二元一次方程组的一般步骤是什么?

①从方程组中选一个未知数系数比较简单的方程,将这个方程中的一个未知数,例如 y,用含 x 的式子表示出来,也就是化成 $y = ax + b$ 的形式(根据方程组系数特点,有时候可以选择 $x = ay + b$ 的形式);

②将 $y = ax + b$ 代入方程组的另一个方程中,消去 y,得到关于 x 的一元一次方程;

③解这个一元一次方程,求出 x 的值;

④把求得的 x 值代入方程 $y = ax + b$ 中,求出 y 的值,再写成方程组解的形式;

⑤检验得到的解是不是原方程组的解。

(2)在解方程组的过程中用到了什么数学思想?

【设计意图】总结解方程组的步骤,归纳方法,提炼思想。

这节课的教学过程以层次性问题为主线,每一个问题的解决过程又以追问的方式进行师生互动,教师不再是知识的传授者、讲解者、促进者。教师精心的设问触发了学生的思维,问题的设置符合学生最近发展区,使每个学生学有所思,探有所得,又能唤醒学生的兴趣,激发学生的潜能,排除学生思维的障碍,启发学生的思考,达到分析、解决问题的目的。而追问的问题与拓展性问题又能引发学生由知识的被动建构者转变为信息加工的主体,变"要我学习"为"我要学习",在内驱力的作用下变被动发展为主动发展,在获取知识的同时发展能力。

问题性思维的教材创新是以问题为主线,以发展学生的思维能力为核心,以问促思,以思生疑,以疑促学,通过学生的自主学习、协作学习、交流学习,使学生的知识不断丰富,能力不断发展。总的说来,"问题"是思维的心脏,是教学的抓手,每个"问题"都是打开教学世界的一扇窗户。研读与选取教材时对所提出的"问题"一定是基于自身研究实际的,也是指向具体实在的课堂。因而,在研读与选取教材进行教学策划时,不断地对一些教学问题进行追问,就是对教学的一种意义重构。由此看来,问题性思维的背后要有一个真实的自我,而是否能成为"真实的自我",就要看是否发出了"自己的声音"。

五、拓展性思维

所谓拓展性思维指的是用拓展性思维对教材进行重新分层编制,分层编制出适合不同层次学生课外学习或周培训课的拓展材料(拓展材料目录附后),通过拓展的材料来培养学生的拓展性思维。如"探索15°角的正切值"的教学过程:

一、旧知新用

（一）分母有理化（把分母中的根号化去叫作分母有理化）

例如：$\dfrac{1}{\sqrt{2}-1}=\dfrac{(1\times\sqrt{2}+1)}{(\sqrt{2}-1)(\sqrt{2}+1)}=\sqrt{2}+1$；

(1) $\dfrac{1}{\sqrt{2}}=$ _____ ；$\dfrac{1}{\sqrt{3}}=$ _____ 。

(2) $\dfrac{(\sqrt{2}-1)}{(\sqrt{2}+1)}=$ _____ ；$\dfrac{(\sqrt{3}-1)}{(\sqrt{3}+1)}=$ _____ ；$\dfrac{1}{2+\sqrt{3}}=$ _____ 。

(3) $\dfrac{3(\sqrt{2}-\sqrt{6})}{3\sqrt{2}+\sqrt{6}}=$ _____ 。

（学生核对答案）

教师归纳总结，并点明运算的技巧与关键。

【设计意图】学生学了平方差公式及根式化简计算，在此基础上拓展补充分母有理化知识，为推导 $15°$ 角的正切值做准备。

（二）一副三角板求边长的速算方法

(1) 如图 3-1-10，在 Rt$\triangle ABC$ 中，$\angle C=90°$，$AC=BC=1$，则 $AB=$ _____ ；

（教师总结计算方法，并引出变式 1。）

变式 1　如图 3-1-10，若只知道斜边 $AB=1$，其他条件不变，则 $AC=BC=$ _____ ；

（学生思考，教师总结并点拨，除用勾股定理直接计算外，能否应用等腰直角三角形三边比是 1：1：$\sqrt{2}$ 来算，并比较两种方法的优劣。）

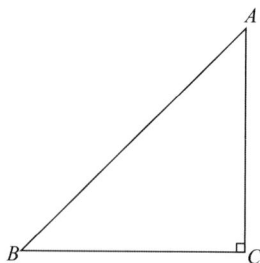

图 3-1-10

（再出示如下题目，并引导变式思考与计算。）

(2) 如图 3-1-11，在 Rt$\triangle ABC$ 中，$\angle C=90°$，$\angle B=60°$，$BC=1$，则 $AC=$ _____ ，AB _____ 。

变式 1　如图 3-1-11，在 Rt$\triangle ABC$ 中 $\angle C=90°$，$\angle B=60°$，$AC=1$，则 $BC=$ _____ ，$AB=$ _____ 。

变式 2　如图 3-1-11，在 Rt$\triangle ABC$ 中，$\angle C=90°$，$\angle B=60°$，$AB=1$，则 $AC=$ _____ ，$BC=$ _____ 。

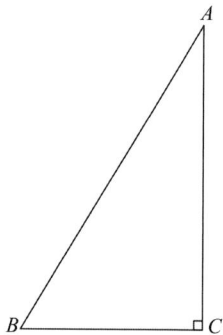

图 3-1-11

【设计意图】通过这类变式问题的计算,不仅复习了勾股定理知识,还进行了多变思考及多解类比。

(三)人教版八年级下册 P67 第 1 题(3)

如图 3-1-12,在正方形 $ABCD$ 的外侧作等边△DCE,连结 AE,BE,则∠AED 为(　　)。

A.$10°$　　B.$15°$　　C.$20°$　　D.$12.5°$

引申如图 3-1-13,在正方形 $ABCD$ 的内侧作等边△ABE,连结 DE,CE,则∠AED 为_____。

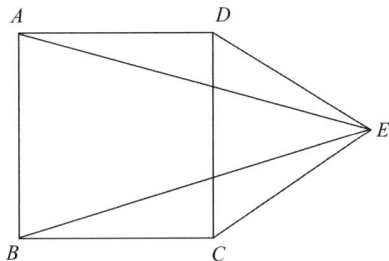
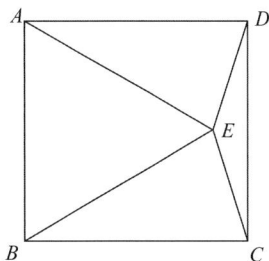

图 3-1-12　　　　　　　　　　　图 3-1-13

【设计意图】从课本原题(学生熟悉的背景)出发,有利于唤醒学生已有的经验,也能增强学生回归课本的意识。

二、新知讲解

(一)温故而知新

问题 1　如图 3-1-14,有一个底角为 $15°$ 的等腰三角形 ABC 绿化带,且知道腰长 $AB=AC=5$ m,求这块绿化带的面积?(精确到 0.1 m^2)

(小组讨论并交流解法)

略析:如图 3-1-15,作腰 AB 的高线 CD,求出 CD 的长,从而求出△ABC 的面积。

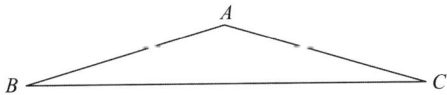
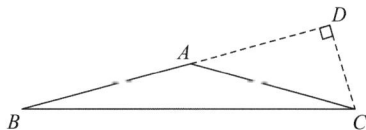

图 3-1-14　　　　　　　　　　　图 3-1-15

【设计意图】从熟悉的题目中构造含 $15°$ 角的直角三角形,起到温故而知新的作用。

（二）新课讲授

问题 2　猜想 tan15°的值（或取值范围）是多少？（可用各种方法）

【设计意图】学生用合情推理方式进行猜想,如根据其增减性说范围或直接用计算器按出结果,为后续知识的推导作铺垫。

问题 3　若给你一个含 30°角的直角三角形（即一副三角板中的一块）,能否构造出含 15°角的直角三角形,并进行 15°角的正切值计算？

（学生小组交流并发表解法,教师归纳并补充。）

解法一：如图 3-1-16,在 Rt△ABC 中,延长 CA 到 D,使得 AD＝AB,连结 BD,可得∠D＝15°,则 Rt△BCD 即为所构造的含 15°角的直角三角形。

略解：设 $BC=a$, $AB=AD=2a$, AC
$=\sqrt{3}\,a$, $CD=(\sqrt{3}+2)a$ 。

$$\tan\angle D=\tan 15°=\frac{BC}{CD}=\frac{a}{(\sqrt{3}+2)a}=$$

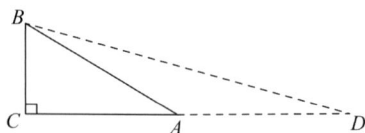

图 3-1-16

$2-\sqrt{3}$ 。

教师归纳：这种作辅助线的方法可从图 3-1-17 中联想到。

解法二：如图 3-1-17,在 Rt△ABC 中,作∠BAC 的平分线交 BC 于点 D,过点 D 作 DE⊥AB,垂足为 E,则可得∠DAC＝15°。则 Rt△ACD 即为所构造的含 15°角的直角三角形。

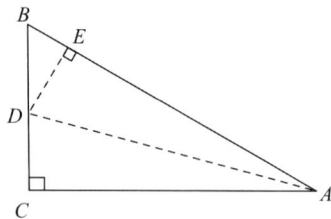

图 3-1-17

略解：设 $BE=a$, $BD=2a$, $DE=CD=$
$\sqrt{3}\,a$, $BC=(\sqrt{3}+2)a$, $AB=(2\sqrt{3}+4)a$ 。

则 $AC=AE=(2\sqrt{3}+3)a$, $\tan\angle DAC=\tan 15°=$
$$\frac{CD}{AC}=\frac{\sqrt{3}\,a}{(2\sqrt{3}+3)a}=2-\sqrt{3}$$ 。

解法三：如图 3-1-18,在 Rt△ABC 中,∠C＝90°,∠ABC＝60°。（八上 P83 第 15 题）

作∠DBC＝45°,线段 BD 交 AC 于点 D,过点 D 作 DE⊥AB,垂足为 E,可得∠EBD＝15°,则 Rt△EBD 为所构造的含 15°角的直角三角形。

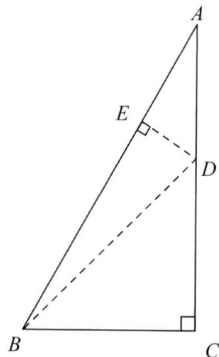

图 3-1-18

略解：设 $CD=BC=a$,则 $AB=2a$, $AC=\sqrt{3}\,a$,

$$AD = AC - CD = (\sqrt{3} - 1)a，AE = \frac{3 - \sqrt{3}}{2}a，$$

$$DE = \frac{\sqrt{3} - 1}{2}a，BE = AB - AE = 2a - \frac{3 - \sqrt{3}}{2}a = \frac{1 + \sqrt{3}}{2}a，$$

$$\tan\angle DBE = \tan 15° = \frac{DE}{BE} = \frac{\frac{\sqrt{3} - 1}{2}a}{\frac{\sqrt{3} + 1}{2}a} = 2 - \sqrt{3}。$$

教师归纳：用含 30°角的直角三角形来构造含 15°角的直角三角形不仅可从 15°角与 30°角倍分关系思考，还可用 60°角与 45°角的差来构造。

【设计意图】通过多解，让学生体会可从同一事物不同的角度来思考解决问题的方法，并教会学生进行归纳总结。

问题 4　若给你一个等腰直角三角形（即一副三角板中的一块），能否构造出含 15°角的直角三角形，并进行 15°角的正切值计算？（学生小组交流，教师归纳并补充。）

解法一：如图 3-1-19，在 Rt△ABC 中，∠C=90°，∠ABC=45°，作∠DBC=30°，线段 BD 交 AC 于点 D，过点 D 作 DE⊥AB，垂足为 E，则可得∠EBD=15°，即 Rt△EBD 为所构造的含 15°角的直角三角形。

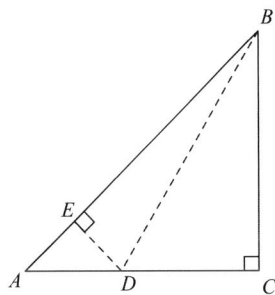

图 3-1-19

略解：设 CD=a，则 BD=2a，AC=BC=$\sqrt{3}$a，AB=$\sqrt{6}$a，AD=AC-CD=($\sqrt{3}$-1)a，

$$AE = DE = \left(\frac{\sqrt{6}}{2} - \frac{\sqrt{2}}{2}\right)a，BE = AB - AE = \left(\frac{\sqrt{6}}{2} + \frac{\sqrt{2}}{2}\right)a，$$

$$\tan\angle DBE = \tan 15° = \frac{DE}{BE} = \frac{\left(\frac{\sqrt{6}}{2} - \frac{\sqrt{2}}{2}\right)a}{\left(\frac{\sqrt{6}}{2} + \frac{\sqrt{2}}{2}\right)a} = \frac{\sqrt{6} - \sqrt{2}}{\sqrt{6} + \sqrt{2}} = 2 - \sqrt{3}。$$

（教师提示学生归纳总结，与问题 3 的解法三进行类比。）

解法二：如图 3-1-20 中，在 Rt△ABC 中，∠C=90°，∠ABC=45°，作 AD=AC，使得∠CAD=30°，连结 CD，BD，可证△CDB 为所构造的底角为 15°的等腰三角形。（此法学生很难想到，教师点拨补充。）

①如图 3-1-21，在图 3-1-20 基础上，过点 A，B，C 作正方形 AGBC，连

结 DG，可证△ADG 为等边三角形，证得△ADC 与△GDB 全等，则 $BD=CD$，证得△CDB 为底角 15° 的等腰三角形。

再过点 D 作 $DE \perp BC$，垂足为 E，延长 ED 交 AG 于 F 点，设 $AC=AD=BC=EF=a$，则 $CE=\dfrac{1}{2}BC=\dfrac{1}{2}a$，$DF=\dfrac{\sqrt{3}}{2}a$，$DE=a-\dfrac{\sqrt{3}}{2}a$，

$$\tan\angle DCE=\tan15°=\dfrac{DE}{CE}=\dfrac{\left(a-\dfrac{\sqrt{3}}{2}a\right)}{\dfrac{1}{2}a}=2-\sqrt{3}。$$

②如图 3-1-22，在图 3-1-20 基础上，过点 D 作 $DE \perp AC$，垂足为 E，作 $DF \perp BC$，垂足为 F，则 $CF=BF$，$CF=DE=\dfrac{1}{2}AD=\dfrac{1}{2}BC$，再证△$CDB$ 为底角 15° 的等腰三角形。

设 $DE=a$，则 $AC=BC=AD=2a$，$AE=\sqrt{3}a$，$DF=CE=(2-\sqrt{3})a$，

$$CF=DE=a，\tan\angle DCF=\tan15°=\dfrac{DF}{CF}=\dfrac{(2-\sqrt{3})a}{a}=2-\sqrt{3}。$$

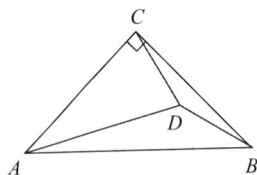
图 3-1-20

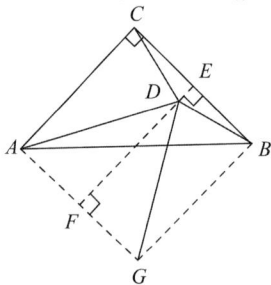
图 3-1-21

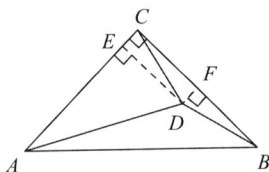
图 3-1-22

【设计意图】①在等腰直角三角形中也能由 45° 角与 30° 角的差来构造出 15° 角的直角三角形并进行求值计算（解法一）；还可由 90° 角与 75° 角的差来构造出 15° 角的直角三角形并进行求值计算（解法二），让学生体会多解思维；②教会学生用联想与类比的方法来探究问题。

问题 5　（1）如图 3-1-23，在正方形 $ABCD$ 的外侧作等边△DCE，连结 AE，BE，如何构造出 15° 角的直角三角形并求出 15° 角的正切值？

教师点拨：可与图 3-1-15 的辅助线作法一样，构造出 15° 角的 Rt△AEF，并进行 15° 角的正切值的计算求解。

（2）如图 3-1-24，在正方形 $ABCD$ 的内侧作等边△ABE，连结 DE，

CE,如何构造出 $15°$ 角的直角三角形并求出 $15°$ 角的正切值?

教师点拨:可过点 E 作 $MN \parallel AD$ 交正方形的两边于点 M、N,构造出 $15°$ 角的 $Rt\triangle DEM$,并进行 $15°$ 角的正切值的计算求解。

(3)如图 3-1-25,在正方形 $ABCD$ 中作等边 $\triangle AEF$,点 E,F 分别在边 BC,CD 上,且 $Rt\triangle ABE \cong Rt\triangle ADF$,则 $Rt\triangle ABE$ 或 $Rt\triangle ADF$ 为 $15°$ 角的直角三角形。如何求 $15°$ 角的正切值?(提示:可证 $\triangle CEF$ 为等腰直角三角形)

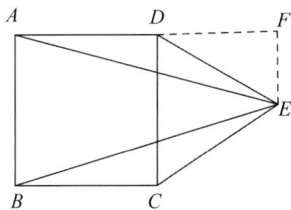 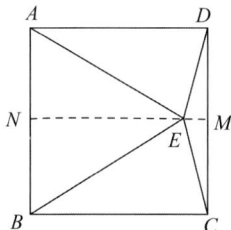 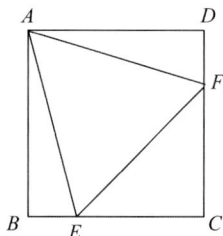

图 3-1-23   图 3-1-24   图 3-1-25

教师点拨:设 $AB = a$,$BE = x$,则 $CE = CF = a - x$,$AE = AF = EF = \sqrt{2}(a - x)$。由 $AE^2 = AB^2 + BE^2$,$\left[\sqrt{2}(a-x)\right]^2 = x^2 + a^2$,

解得:$x = (2 \pm \sqrt{3})a$

舍去 $x = (2 + \sqrt{3})a$,

只取 $x = (2 - \sqrt{3})a$,即 $BE = (2 - \sqrt{3})a$

$$\tan\angle BAE = \tan 15° = \frac{BE}{AB} = \frac{(2 - \sqrt{3})a}{a} = 2 - \sqrt{3}$$

(学生小组交流,教师归纳并补充。)

教师归纳:①体会利用正方形的条件来构造 $15°$ 角的直角三角形及求值计算;②图 3-1-23 与图 3-1-15,图 3-1-24 与图 3-1-21 的辅助线作法比较;③通过设元求值计算也可以。

【设计意图】①问题 5 可以让学生体会构造 $15°$ 角的直角三角形的多样性;②通过教师的点拨与归纳让学生理解一些基本图形的特征及一图多用与多变,及通过适当设元来求值,并教会学生进行多角度的思考与归纳。

三、知识拓展

(一)知识迁移:探索 $22.5°$ 角的正切值

问题 6 如图 3-1-26 在等腰 $Rt\triangle ABC$ 中作 $\angle ABC$ 的平分线交线段

AC 于点 D,过点 D 作 $DE \perp AB$,垂足为 E,则可得 $\angle DBC = 22.5°$,那么 $Rt\triangle BCD$ 即为所构造的含 $22.5°$ 角的直角三角形。

设 $CD = DE = AE = x$,则 $AD = \sqrt{2}x$,$AC = BC = (\sqrt{2}+1)x$,

$$\tan\angle DBC = \tan 22.5° = \frac{CD}{BC} = \frac{x}{(\sqrt{2}+1)x} = \sqrt{2} - 1$$

教师点拨:类比 $15°$ 角与 $30°$ 角的半倍关系(图 3-1-19 求解方法),从 $22.5°$ 角与 $45°$ 角的关系思考。

(二)知识的引申:探索 $\tan 2\alpha$ 与 $\tan\alpha$ 之间的等式关系

问题 7　如图 3-1-27,在 $Rt\triangle ABC$ 中,$\angle C = 90°$,延长 CA 使得 $AB = AD$,设 $\angle BDC = \alpha$,则 $\angle BAC = 2\alpha$.求 $\tan 2\alpha$ 与 $\tan\alpha$ 之间的等式关系。

略解:设 $BC = a$,$AC = b$,$AB = AD = x$,则 $\tan\alpha = \dfrac{a}{x+b}$,则 $a = \tan\alpha(x+b)$,$\tan 2\alpha = \dfrac{a}{b}$,则 $a = b\tan 2\alpha$,所以 $a = b\tan 2\alpha = \tan\alpha(x+b)$,$x = \dfrac{\tan 2\alpha - \tan\alpha}{\tan\alpha}b$,又 $x^2 = a^2 + b^2$,即 $\left(\dfrac{\tan 2\alpha - \tan\alpha}{\tan\alpha}b\right)^2 = (b\tan 2\alpha)^2 + b^2$ 整理得:$\tan 2\alpha = \dfrac{2\tan\alpha}{1 - \tan^2\alpha}$。

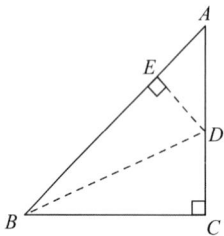

图 3-1-26

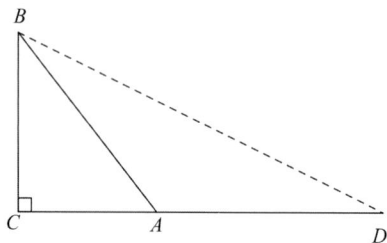

图 3-1-27

教师归纳:通过构造倍角直角三角形,设元消元等价变换,培养学生的化归思想及消元意识与能力。

【设计意图】①问题 6,问题 7 可让学生体会用类比的思想来解决问题;②问题 7 还能让学生感知"高中的三角函数公式",获得可用类似方法进行推导的能力。

四、作业设计

如何推导 $75°$ 角的正切值?

【设计意图】让学生课后再进行知识类比,发挥正迁移的作用。

五、归纳小结(学生交流回答,教师补充总结)

(1)本节课主要学会了哪些构造含 15°角的直角三角形的方法?

(2)本节课应用了哪些数学思想方法?

(3)本节课的学习对你今后学习数学有何帮助?

【设计意图】学生通过自我总结归纳本节所学的知识、数学思想方法,明白真正要学会的是探索数学知识的科学态度与方法。

六、生本性思维

所谓生本性思维,指的是教材的选用、改编、拓展都要以学生认知与学生原有经验为基础,在此基础上,结合教材内容进行编制。毫无疑问,教材选取需要充分考虑学生因素。比如,学生的学习基础和先前经验有哪些、学习中可能遇到的困难有哪些,怎样的学习方式较为合适,等等。简约化的教材使用可以用"学生本位"来概括,新课程的出发点和归宿就是尊重学生、理解学生、关心学生。促进学生的发展是现代教育的核心价值定位,学生立场应该是现代教育的根本立场,好的教材一定是符合学生身心发展规律的。无论何种教材,归根结底只有通过学生自身的选择与建构,才有可能真正形成学生发展(包括知识、技能、情感、态度、品性等的发展)的现实。在这样的思想观下,我们使用教材时必须要有生本性思维,从学生学习的角度多琢磨教材的编排意图,并进行合理的补充、加工和改造。

例如,对"19.1.1 变量与函数(人教版教材八年级下册)"进行教学设计时,原来课本中的问题是"电影票的售价为 10 元/张。第一场售出 150 张,第二场售出 205 张,第三场售出 310 张。三场电影的票房收入各多少元?设一场电影售票 x 张,票房收入 y 元,y 的值随着 x 的值变化而变化吗?"改成"每张《中国机长》电影票的售价为 30 元,如果第一场售出 100 张票,第二场售出 200 张票,第三场售出 310 张票。三场电影的票房收入各多少元?设一场电影售票 x 张,票房收入 y 元,y 的值随着 x 的值变化而变化吗?"原有教材内容中"电影票的售价"是陈旧的,因此要改,体现与时俱进,改成《中国机长》电影,既体现了时代性,又很适合初中生的认知特点。这样的改变不影响数学的本质,体现了"生本性思维"。又如"14.1.1 同底数幂的乘法"的情境引入,原来课本中的引例是"问题 1　一种电子计算机每秒可进行一千万亿(10^{15})次运算,它工作 10^3 s 可进行多少次运算",这样的

引例对初中学生根本没有吸引力,可尝试如下导入:

第一环节:新知学习(探究目标,引入课题)

(游戏式导入)问题1　大家玩过24点吗?今天我们玩的不是24点,而是三个数2、3、4,你能否从中任取两个数组成一个算式,使其运算结果最大?

【设计意图】通过游戏的引入,适当复习幂的意义。

问题2　"2,3,4"三个数任取两个,能组成哪些幂的形式?

【设计意图】引导学生有规律地查找,不重不漏,渗透排列组合思想。

问题3　六个幂中请任选两个进行乘法运算,你能组成多少个算式?

乘法:(1)底数相同:$2^3 \times 2^4$、$3^2 \times 3^4$、$4^2 \times 4^3$。

(2)指数相同:$2^3 \times 4^3$、$3^2 \times 4^2$、$2^4 \times 3^4$。

(3)既不同底也不同指数:

$$2^3 \times 3^2, 2^3 \times 3^4, 2^3 \times 4^2$$
$$2^4 \times 3^2, 2^4 \times 4^2, 2^4 \times 4^3$$
$$3^2 \times 4^3, 3^2 \times 4^2, 3^4 \times 4^3$$

······

【设计意图】游戏的导入更有利于激发学生的兴趣,又进行了分类组合,深入浅出。

追问:请给这种底数相同($2^3 \times 2^4$、$3^2 \times 3^4$、$4^2 \times 4^3$、$a^2 \times a^3$)的幂的乘法运算起名字。(学生完成)

老师总结:同底数幂的乘法。(引出课题)

上述情境引入的改变既有"数学味",又能遵从学生的认知规律,这就是生本性思维的体现。

总的来说,我们倡导拥有结构性思维、核心性思维、优化性思维、问题性思维、拓展性思维、生本性思维,就是追求在教材研读与选取中能有一双慧眼,能"一眼看穿"教材编排的主导思想,准确把握教学的目标和方向。当然,任何教材都不能代表数学教学的全部,尤其是在"去粗取精""去繁求简"的编写过程中,教材显得更加凝练、更加简略。教师们在研读和选取教材的过程中,在立足于把握精髓、优化组合、整体构架、关注学生的基础上,仍然需要通过创设情境、选取素材、设计思路、组织教学等方式不同程度地将自身对教材的理解融入教学实践活动之中,或补充,或删减,或合并,或调整,用"结构性、核心性、优化性、问题性、拓展性、生本性"的思维来创建教材,实现教材与教学的有机融合。这种融合的过程是教师教育思想、专业素养、教学能力的转化过程,也是一个创新教材的过程。基于这种意义的简约化数学教学才是一种大气的数学教学、智慧的数学教学。

第二节　例习题的简约化变式

初中数学例习题变式教学是数学教学活动的重要组成形式,是学生掌握基本知识、基本技能、基本思想和基本活动经验的重要手段,是发展学生数学思维能力和培养学生数学思想的重要途径。例习题的变式教学基于变式教学理论,要以数学观、数学学习观和数学教学观为指导,结合课标的理念和"四基"的要求,主要注重方法的提炼与总结,突出变式,目的是通过变式和题组训练来总结方法,学会解题,同时也要培养学生良好的解题习惯,通过题后反思总结,体会用方法引领思想,充分挖掘习题教学中的数学思想,由解题方法上升到数学思想,形成思维体系。

当下,例习题的变式与变式教学都比较流行,如一题多解、一题多问、一题多变等等。如何体现简约化呢？一题多解能培养学生的发散思维能力,但也不是一味的多解就好,还需进行解后反思,从多解方法中找它们的共性解法,哪种解法最优,哪种解法是此类题目的通性通法。一题多问中的简约化体现的是所问的问题是从简单到复杂的有序过程;一题多变中的简约化体现的是"不变性"的原则,"变"与"不变"的本质应该是不变的。简约化的例习题变式的数学思维性与思想性体现在题后反思环节。

一、例习题简约化变式的原则

(一)优化性原则

无论是例习题的多解、多问、多变,都一定要遵循最优化的原则,不要认为多了就好,而是最优化才能体现简约化的理念。

例如,人教版九年级上册 P125 第 15 题。

如图 3-2-1,⊙O 的直径 $AB=12$ cm,AM 和 BN 是它的两条切线,DE 切 ⊙O 于 E,交 AM 于 D,交 BN 于 C。设 $AD=x$,$BC=y$,求 y 与 x 的关系式,并画出它的图像。

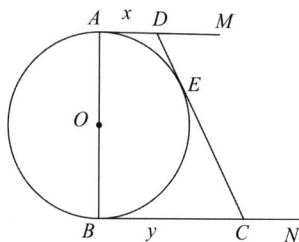

图 3-2-1

解法 1(略解):如图 3-2-2,过点 D 作 $DF \perp BC$ 于点 F,

证明矩形 $ABFD$,则 $DF=AB=12$。

由切线长定理可得 $DE=DA=x$,

$CE=CB=y$,$CD=x+y$,且 $CF=y-x$。

由 Rt$\triangle DFC$(勾股定理),$CD^2=DF^2+CF^2$,即 $(x+y)^2=12^2+(y-x)^2$。

整理得:$xy=36$,即 $y=\dfrac{36}{x}$。

解法 2(略解):如图 3-2-3,连接 OD,OC。

∵AM 和 BN 是 ⊙O 的两条切线,

∴$AM \perp AB$,$BN \perp AB$,$\angle BAD = \angle ABC = 90°$,

∴$AM /\!/ BN$,$\angle ADC + \angle BCD = 180°$。

由切线长定理可得:$DE=DA=x$,$CE=CB=y$,$CD=x+y$。

∵DE 切 ⊙O 于 E,

∴$\angle ADO = \angle CDO$,$\angle BCO = \angle DCO$。

∴$\angle CDO + \angle DCO = 90°$,

即 $\angle DOC = 90°$。

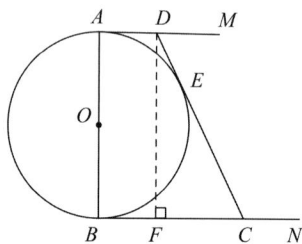

图 3-2-2

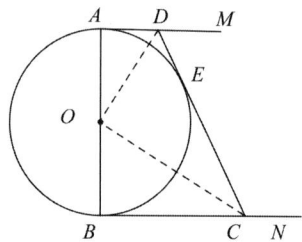

图 3-2-3

在 Rt$\triangle AOD$ 中,$OD^2=AD^2+AO^2$,

在 Rt$\triangle BOC$ 中,$OC^2=BC^2+BO^2$,

在 Rt$\triangle DOC$ 中,$CD^2=OD^2+OC^2$,

即 $CD^2=AD^2+AO^2+BC^2+BO^2$,

则 $(x+y)^2=x^2+6^2+y^2+6^2$,

整理得:$xy=36$,即 $y=\dfrac{36}{x}$。

解法 3(略解):如图 3-2-4,连接 OD,OC。

$\because AM$ 和 BN 是 $\odot O$ 的两条切线,

$\therefore AM \perp AB$,$BN \perp AB$,$\angle BAD = \angle ABC = 90°$,

$\therefore AM /\!/ BN$,$\angle ADC + \angle BCD = 180°$。

$\because DE$ 切 $\odot O$ 于 E,

$\therefore \angle ADO = \angle CDO$,$\angle BCO = \angle DCO$。

$\therefore \angle CDO + \angle DCO = 90°$,

即 $\angle DOC = 90°$,

则 $\angle AOD + \angle BOC = 90°$,

$\because \angle AOD + \angle ADO = 90°$,

$\therefore \angle ADO = \angle BOC$,

$\therefore \text{Rt}\triangle AOD \backsim \text{Rt}\triangle BCO$。

则 $\dfrac{AD}{AO} = \dfrac{BO}{BC}$,即 $\dfrac{x}{6} = \dfrac{6}{y}$,

整理得:$xy = 36$,即 $y = \dfrac{36}{x}$。

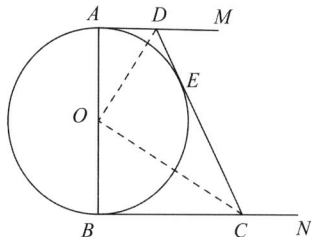

图 3-2-4

解法 4(略解):如图 3-2-5,连接 OD,OC,OE。

$\because AM$ 和 BN 是 $\odot O$ 的两条切线,DE 切 $\odot O$ 于点 E。

$\therefore AM \perp AB$,$BN \perp AB$,$OE \perp CD$,$\angle BAD = \angle ABC = \angle OED = 90°$。

$\therefore AM /\!/ BN$,$\angle ADC + \angle BCD = 180°$。

由切线长定理可得:$DE = DA = x$,$CE = CB = y$,$CD = x + y$,

$\angle ADO = \angle CDO$,$\angle BCO = \angle DCO$,

$\therefore \angle CDO + \angle DCO = 90°$。

即 $\angle DOC = 90°$。

$\therefore \text{Rt}\triangle ODE \backsim \text{Rt}\triangle COE$,

则 $\dfrac{OE}{CE} = \dfrac{DE}{OE}$,即 $\dfrac{6}{y} = \dfrac{x}{6}$,

整理得:$xy = 36$,即 $y = \dfrac{36}{x}$。

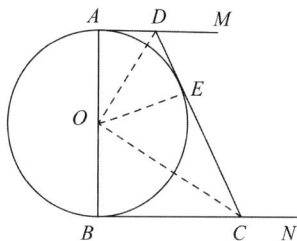

图 3-2-5

解法 5(略解):如图 3-2-6,连接 OD,OC,OE。

∵AM 和 BN 是⊙O 的两条切线,

∴$AM \perp AB$,$BN \perp AB$,$\angle BAD = \angle ABC$ $=90°$。

∴$AM /\!/ BN$,$\angle ADC + \angle BCD = 180°$。

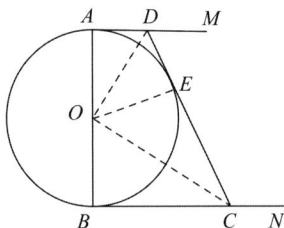

图 3-2-6

由切线长定理可得:$DE = DA = x$,$CE = CB = y$,则 $CD = x + y$,$\angle ADO = \angle CDO$,$\angle BCO = \angle DCO$。

∴$\angle CDO + \angle DCO = 90°$。

即 $\angle DOC = 90°$。

在 Rt△AOD 中,$OD^2 = AD^2 + AO^2 = x^2 + 6^2$,

在 Rt△BOC 中,$OC^2 = BC^2 + BO^2 = y^2 + 6^2$,

在 Rt△DOC 中,$S_{\triangle COD} = \dfrac{1}{2}OC \cdot OD = \dfrac{1}{2}CD \cdot OE$,

即 $OC^2 \cdot OD^2 = CD^2 \cdot OE^2$,

则 $(y^2 + 6^2) \cdot (x^2 + 6^2) = (x + y)^2 \cdot 6^2$。

整理得:$(xy)^2 - 72xy + 36^2 = 0$,解得 $xy = 36$,即 $y = \dfrac{36}{x}$。

解法 6(略解):如图 3-2-7,延长 BA 与 CD,设交点为 F。

∵$AD /\!/ BC$,

∴$\dfrac{FA}{FB} = \dfrac{FD}{FC} = \dfrac{AD}{BC} = \dfrac{x}{y}$。

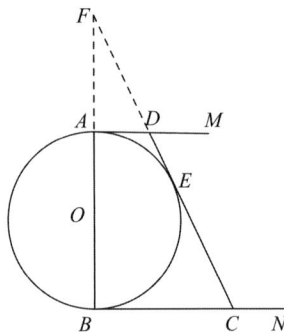

图 3-2-7

则 $FA = \dfrac{12x}{y - x}$,$FD = \dfrac{x(x + y)}{y - x}$。

在 Rt△FAD 中,$FD^2 = FA^2 + AD^2$,

即 $\left[\dfrac{x(x + y)}{y - x}\right]^2 = \left(\dfrac{12x}{y - x}\right)^2 + x^2$,

$(x^2 + xy)^2 - (xy - x^2)^2 = (12x)^2$。

解得 $xy = 36$,即 $y = \dfrac{36}{x}$。

题后反思:综合上述六种解法,从多解的角度来看,确实能体现发散性思维,这六种解法可进行简约化的组合优化:

（1）从列方程的角度分析,分为四种方法:

第一,用勾股定理列方程的:解法 1、解法 2;

第二,用相似列方程的:解法 3、解法 4;

第三,用面积列方程的:解法 5;

第四,用相似加勾股定理:解法 6。

（2）从构造直角三角形的角度分析可分为两种:

第一,从构造 Rt△BFC（根据直角梯形常见的辅助线）;

第二,从构造 Rt△COD（根据三条切线的模型,见九上 P102 第 11 题）。

从六种解法的图形（辅助线）中可简约化提炼出图形模型［两类特殊直角梯形模型:上下底的和等于斜腰与上下底的和等于直腰（高）］,而上述图形模型就是上下底的和等于斜腰的直角梯形（如人教版教材八上 P52 第 7 题与九上 P102 第 11,12 题）。如图 3-2-8,$AD + BC = CD$。这样的题后反思归纳,体现的就是最优化的原则。

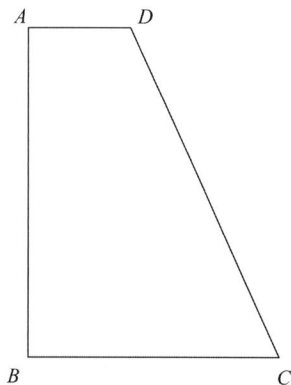

图 3-2-8

（二）层次性原则

例习题的变式过程,无论是多解、多问与多变,这些多种形式的呈现过程都应该是有理有序的过程,这就是层次性原则。

例如,人教版教材八年级下册 P69 第 15 题:

求证:平行四边形两条对角线的平方和等于四条边的平方和。

分析:几何命题（文字证明题）的三步骤:

（1）明确命题中的已知和求证;

（2）根据题意,画出图形,并用符号表示已知和求证;

（3）经过分析,找出由已知推出要证的结论的途径,写出证明过程。

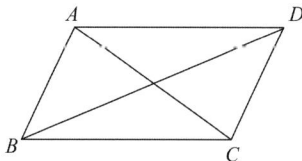

图 3-2-9

已知:如图 3-2-9,平行四边形 $ABCD$,对角线 AC,BD。

求证:$AC^2+BD^2=AB^2+BC^2+CD^2+AD^2$。

证明:如图 3-2-10,分别过点 A,D 作 $AE\perp BC$,$DF\perp BC$,垂足分别是点 E,F。

∵在平行四边形 $ABCD$ 中,$AB=CD$,$BC=AD$,

∴$\triangle ABE\cong\triangle DCF$,则 $BE=CF$。

由图可知 $CE=BC-BE$,$BF=BC+CF$。

在 Rt$\triangle ABE$,Rt$\triangle DCF$,Rt$\triangle ACE$,Rt$\triangle BDF$ 中,由勾股定理可得:$AB^2=AE^2+BE^2$,$CD^2=DF^2+CF^2$,$AC^2=AE^2+CE^2$,$BD^2=DF^2+BF^2$,则

$$AC^2+BD^2=AE^2+CE^2+DF^2+BF^2$$
$$=AE^2+(BC-BE)^2+DF^2+(BC+CF)^2$$
$$=AE^2+BC^2-2BC\cdot BE+BE^2+DF^2+BC^2+2BC\cdot CF+CF^2$$
$$=AB^2+BC^2+CD^2+AD^2。$$

∴原命题得证。

即平行四边形两条对角线的平方和等于四条边的平方和。

结论拓展:如图 3-2-11,平行四边形 $ABCD$,则 $AC=2AO$,$BD=2BO$。且 $AB=CD$,$BC=AD$,则 $4AO^2+4BO^2=2AB^2+2BC^2$。即 $2AO^2+2BO^2=AB^2+BC^2$。

变式 已知,如图 3-2-12,在 $\triangle ABC$ 中,点 D 是边 BC 的中点。

求证:$AB^2+AC^2=2AD^2+2BD^2$。

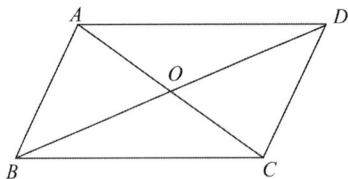

图 3-2-11

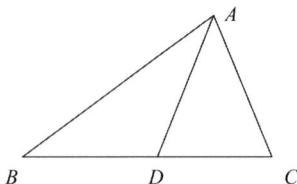

图 3-2-12

证法 1(略证):如图 3-2-13,延长 AD 到 E,使 $DE=AD$,连结 BE,CE,则可证四边形 $ABEC$ 是平行四边形。

由上面证明可得 $AE^2+BC^2=AB^2+AC^2+BE^2+CE^2$,则 $4AD^2+$

$4BD^2=2AB^2+2AC^2$。

即 $AB^2+AC^2=2AD^2+2BD^2$。

证法 2（略证）：如图 3-2-14，取线段 AB，AC 的中点 E，F，连接 DE，DF，EF，则可证明四边形 $AEDF$ 为平行四边形，根据上述的结论（即平行四边形的两对角线的平方和等于四条边的平方和），则 $AD^2+EF^2=AE^2+DE^2+DF^2+AF^2$，

又 $EF=BD$，$AE=DF=BE$，$AF=DE=CF$。

则 $AD^2+BD^2=2AE^2+2AF^2$，即 $AB^2+AC^2=(2AE)^2+(2AF)^2=4AE^2+4AF^2=2AD^2+2BD^2$。

证法 3（略证）：如图 3-2-15，过点 A 作 AE $\perp BC$，垂足为 E 点。在 Rt$\triangle ABE$，Rt$\triangle ADE$，Rt$\triangle ACE$ 中，$AB^2=AE^2+BE^2$，$AD^2=AE^2+DE^2$，$AC^2=AE^2+CE^2$。又 $BD=CD$。

$AB^2+AC^2=AE^2+BE^2+AE^2+CE^2=2AE^2+(BD+DE)^2+(CD-DE)^2=2AE^2+2DE^2+2BD^2=2AD^2+2BD^2$。

即 $AB^2+AC^2=2AD^2+2BD^2$。

证法 4（略证）：如图 3-2-16，过点 B，C 分别作 $BE\perp AD$，$CF\perp AD$，垂足分别是点 E，F。

则 $AB^2=AE^2+BE^2$，$AC^2=AF^2+CF^2$。

可证 $\triangle BDE \cong \triangle CDF$，$CF=BE$，$DF=DE$。

$$\begin{aligned}AB^2+AC^2&=AE^2+BE^2+AF^2+CF^2\\&=(AD+DE)^2+(AD-\\&\quad DF)^2+BE^2+CF^2\\&=2AD^2+2AD\cdot DE-2AD\cdot\\&\quad DF+DE^2+DF^2+BE^2+CF^2\\&=2AD^2+BD^2+CD^2\end{aligned}$$

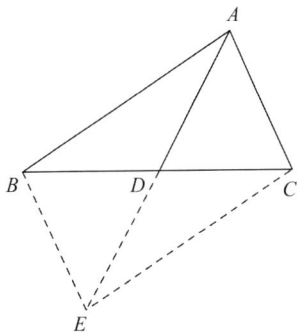

图 3-2-13

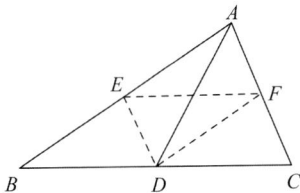

图 3-2-14

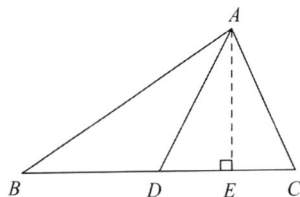

图 3-2-15

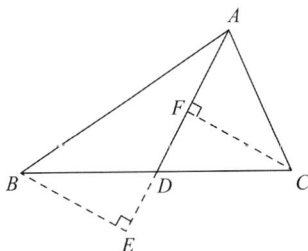

图 3-2-16

$$=2AD^2+2BD^2。$$

即 $AB^2+AC^2=2AD^2+2BD^2$。

证法5(略证):如图3-2-17,以点 B 为坐标原点建立如图所示的平面直角坐标系。

设 $BD=a$,$AE=b$,$DE=c$。则 $D(a,0)$,$A(a+c,b)$,$C(2a,0)$。

$AB^2=AE^2+BE^2=b^2+(a+c)^2=b^2+a^2+c^2+2ac$。

$AC^2=AE^2+CE^2=b^2+(a-c)^2=b^2+a^2+c^2-2ac$。

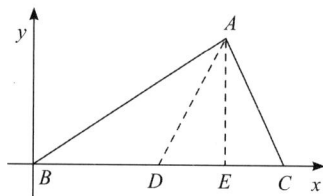

图 3-2-17

则 $AB^2+AC^2=2b^2+2a^2+2c^2$。

又 $2AD^2+2BD^2=2(b^2+c^2)+2a^2=2b^2+2a^2+2c^2$。即 $AB^2+AC^2=2AD^2+2BD^2$。

题后反思:上述题目从原题到变式题,是从平行四边形到三角形的问题,变式题的证法1是从三角形回归到平行四边形,它们之间的相互转化体现了它们之间内在的联系,因此它们是有关联性的。从变式题的多种证法来分析,证法1、证法2是回归到原题的证明,这是回归本源,证明过程是追根溯源的过程,因此证法1、证法2最容易想到;证法3、4是另辟蹊径,即构造直角三角形,而证法5是建立平面直角坐标系,对于初中学生来说难度较大。因此这五种证法,每一种证法的排列顺序与思考过程有其层次性,这种层次性既体现了解法难度的层次性,也体现了初中学生认知的层次性(差异性)。

(三)不变性原则

例习题的变式都体现了一个"变"字,"变"是一种表象,应该在"变"中找出其"不变",这才是变式的目的,这也是变式的不变性原则。

例如,人教版教材七年级下册 P70 第6题。

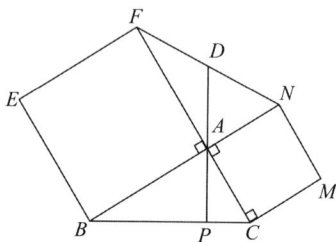

图 3-2-18

变式 已知,如图 3-2-18,在 △ABC 中,以 AB,AC 边分别向外作正方形 ABEF,正方形 ACMN,连接 FN,过点 A 作 AP⊥BC,垂足为 P,延长 PA 交线段 FN 于点 D。求证:FD=ND。

证法 1(略证):如图 3-2-19,分别过点 F,N 作 FG⊥PD,NH⊥PD,垂足分别为 G、H。根据全等 K 型图的特征可证明 △ABP≌△FAG(AAS),△ANH≌△CAP(AAS),则 AP=FG,NH=AP,因此 FG=NH。又可证明 △FDG≌△NDH(AAS),则 FD=ND。

证法 2(略证):如图 3-2-20,过点 F 作 FG∥AN,交 PD 的延长线于点 G,连接 NG。

则 ∠AFG+∠FAN=180°。又可求得 ∠BAC+∠FAN=180°,则 ∠AFG=∠BAC。

又 ∠ABC+∠BAP=90°,∠FAG+∠BAP=90°,则 ∠ABC=∠FAG,且 AF=AB,

所以 △ABC≌△FAG,则 AC=FG=AN。可证明四边形 FANG 是平行四边形。因此 DF=DN。

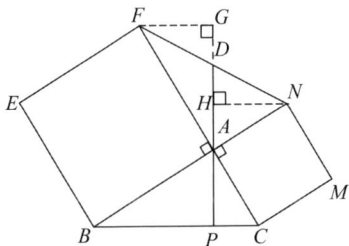

图 3-2-19

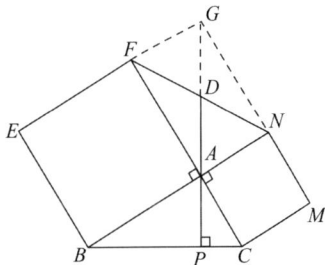

图 3-2-20

题后反思:这两种不同的证法,证法 1 是用证明三角形全等的方法,证得对应线段相等;而证法 2 用证明平行四边形的方法,证得对角线互相平分而得到线段相等,但是这两种证法的证明过程都需要证明角相等,因此这两种证法都是由"角导边",本质是不变的。

多问:可证明 △FAN 与 △ABC 的面积相等(略)。

多变:变式 1 如图 3-2-21,已知点 D 是线段 FN 的中点,其他条件不变。求证:DP⊥BC。

变式 2 如图 3-2-22,过点 A 的 PD⊥FN 于点 D,交 BC 于点 P,其

他条件不变。求证:$PB=PC$。

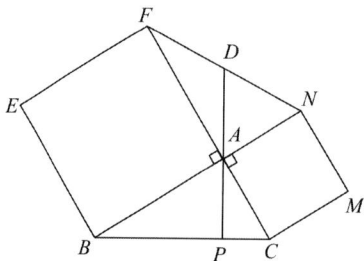

图 3-2-21

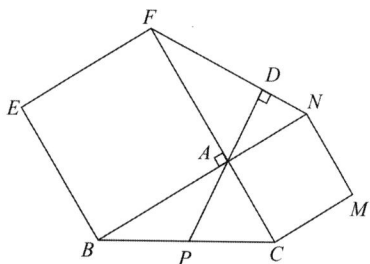

图 3-2-22

变式 3 如图 3-2-23,点 P 是线段 BC 的中点,连接 PA 并延长交 FN 于点 D,其他条件不变。求证:$PD\perp FN$。

变式 4 如图 3-2-24,分别以 $\triangle ABC$ 的边 AC,BC 为一边,在 $\triangle ABC$ 外作正方形 $ABED$ 和正方形 $ACFG$,连接 EF,点 P 是 EF 的中点,$PQ\perp BC$ 于点 Q。求证:$PQ=\dfrac{1}{2}BC$。

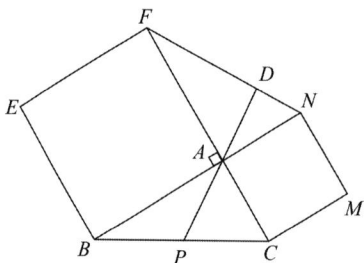

图 3-2-23

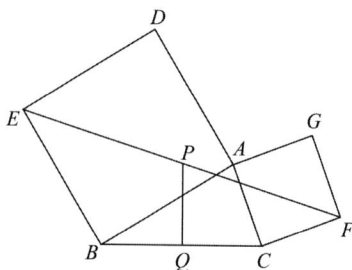

图 3-2-24

证法 1(略证):

如图 3-2-25,直角梯形 $EOSF$,则 $PQ=\dfrac{1}{2}(EO+FS)$(梯形中位线定理),$\triangle EBO\cong \triangle BAR$,$EO=BR$;$\triangle ARC\cong \triangle CSF$,$RC=SF$,$EO+SF=BR+RC=BC$。

则 $PQ=\dfrac{1}{2}BC$。

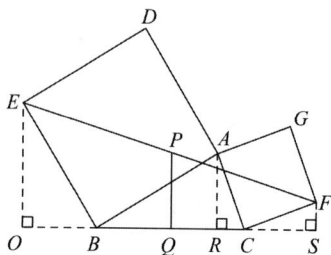

图 3-2-25

证法 2（略证）：

如图 3-2-26，连接 AE，BD 相交于点 M，连接 AF，CG 相交于点 N，连接 PM，PN，PB，PC。

由于正方形 $ADEB$，$AM=EM$，则 PM 是 $\triangle EAF$ 的中位线，则 $PM \parallel AF$，且 $PM=\dfrac{1}{2}AF=AN$。

因此，四边形 $AMPN$ 是平行四边形，则 $PN=AM=BM$，

$PM=AN=CN$，$\angle PMA=\angle PNA$，

而 $\angle PMA+\angle PMB=\angle PNA+\angle PNC=90°$。

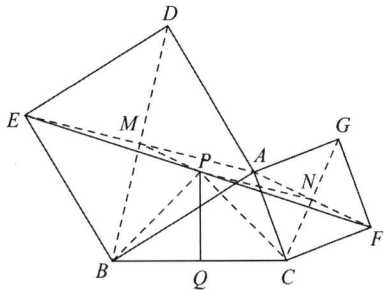

图 3-2-26

所以，$\angle PMB=\angle PNC$，

则 $\triangle PMB \cong \triangle CNP$（SAS），则 $PB=PC$。

因为 $PM \parallel AF$，则 $\angle MPN+\angle PNA=180°$。

而 $\angle PNA+\angle PNC=90°$，则 $\angle MPN-\angle PNC=90°$，

而 $\angle PNC+\angle PCN+\angle CPN=180°$，

两式相加得：$\angle MPN+\angle PCN+\angle CPN=270°$。

又因为 $\triangle PMB \cong \triangle CNP$，则 $\angle PCN=\angle BPM$，

$\angle MPN+\angle BPM+\angle CPN=270°$，则 $\angle BPC=90°$。

因此三角形 PBC 是等腰直角三角形，$PQ=\dfrac{1}{2}BC$。

题后反思：上述的原题与变式 1、变式 2、变式 3 组成两种类型题目，即已知线段中点证明垂直或是由已知线段垂直证明线段中点，题目中的双正方形不变，求解过程中证明方法不变；而变式 4 的两种证明不同，但是证明过程中都应用正方形的边相等及 90°角的条件证明了三角形全等（即 K 型全等图），从而得到相应的边相等或角相等，体现了不变的两个正方形，因此，这样的多问变式与多种证明方法都体现了不变性的原则。

（四）思想性原则

例习题的变式过程中，为什么变，找出变的规律，从"知其然"到"知其

所以然",再到"何由以知其所以然",刨根问底。这个变化过程中渗透着类比、特殊与一般等数学思想方法,只有让学生体会这些数学思想的作用,才能让学生真正学会这种变式。

例如,人教版教材七年级下册 P71 第 14 题:

已知点 $O(0,0)$,$B(1,2)$,点 A 在坐标轴上,且 $S_{\triangle OAB}=2$。

求满足条件的点 A 坐标。

变式 1　已知点 $C(-1,0)$,$B(1,2)$,点 A 在坐标轴上,且 $S_{\triangle ABC}=2$。

求满足条件的点 A 坐标。

变式 2　已知点 $O(0,0)$,$B(1,0)$,坐标平面内有一动点 A 且 $S_{\triangle OAB}=2$。

求满足条件的点 A 的直线解析式。

变式 3　已知点 $O(0,0)$,$B(2,2)$,坐标平面内有一动点 A 且 $S_{\triangle OAB}=2$。

求满足条件的点 A 的直线解析式。

变式 4　已知点 $C(-1,0)$,$B(1,2)$,坐标平面内有一动点 A 且 $S_{\triangle ABC}=2$。

求满足条件的点 A 的直线解析式。

变式 5　已知点 $A(2,2)$,$B(1,0)$,点 C 在坐标轴上,且 $S_{\triangle ABC}=2$。

请求出所有满足条件的点 C 的坐标。

变式 5 的解法分析:由于题目中"点 C 在坐标轴上",因此所求的点 C 可分为两类,即点 C 在 x 轴上或 y 轴上。当点 C 在 x 轴上时,很容易求得 $(3,0)$,$(-1,0)$;当点 C 在 y 轴上时,又有多种方法求解:

解法 1(略析):如图 3-2-27,根据条件"$S_{\triangle ABC}=2$",结合图形,直观猜想得到点 C 坐标 $(0,2)$ 与 $(0,-6)$。

解法 2(略析):如图 3-2-28,设点 $C(0,y)$,点 C 的特殊位置点有三个,即 $(0,2)$,$(0,0)$,$(0,-2)$。

因此可分成两大类共 7 小类,即当点 C 分别是上述三个点时;介于它们之间或之外的区间(即 $y>2$,$0<y<2$,$-2<y<0$,$y<-2$)时。每一种情况再用坐标系中割补法求三角形面积列方程求解(所求三角形 ABC 的面积可以看作一个长方形的面积减去一些三角形的面积),求得点 C 坐标。

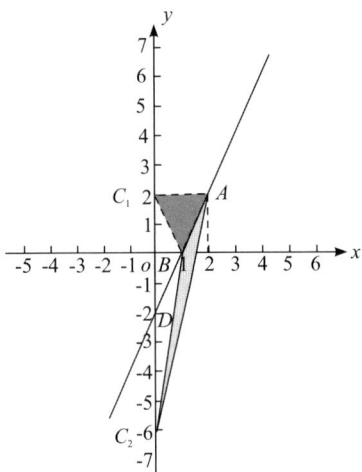

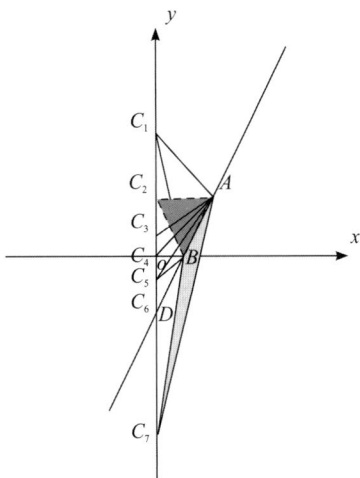

图 3-2-27　　　　　　　　　　图 3-2-28

解法 3(略解)：如图 3-2-29,由点 A、B 可求得直线 AB 的解析式为 $y=2x-2$,可求得点 D 坐标 $(0,-2)$。设点 $C(0,y)$。

因此可分成两类：(1)点 C 在点 D 上方的 y 轴上(即 $y>-2$)；

则 $CD=y+2$,$S_{\triangle ABC}=S_{\triangle AC_1D}-S_{\triangle BC_1D}=\frac{1}{2}(y+2)(2-1)=2$,解得 $y=2$,则 $C_1(0,2)$。

(2)点 C 在点 D 下方的 y 轴上(即 $y<-2$)；

则 $CD=-2-y$,$S_{\triangle ABC}=S_{\triangle AC_2D}-S_{\triangle BC_2D}=\frac{1}{2}(-2-y)(2-1)=2$,解得 $y=-6$,则 $C_2(0,-6)$。

解法 4(略解)：如图 3-2-30,由点 A、B 可求得直线 AB 的解析式为 $y=2x-2$,可求得点 D 坐标 $(0,-2)$。设点 $C(0,y)$,则 $CD=|y+2|$,

$S_{\triangle ABC}=S_{\triangle ACD}-S_{\triangle BCD}=\frac{1}{2}|y+2|(2-1)=2$,解得 $y_1=2$,$y_2=-6$,则 $C(0,2)$ 或 $(0,-6)$。

解法 5(略析)：如图 3-2-31,通过原题的求解之后,把图形整体向右平移两个单位,可求得符合条件的点 C 坐标。(此法适用于求点 C 在 x 轴上的情况。)

解法 6(略解)：如图 3-2-32,过点 C 作 $CE\perp AB$ 于点 E,过点 A 作 $AF\perp x$ 轴于点 F。由勾股定理可求得 $AB=\sqrt{5}$。

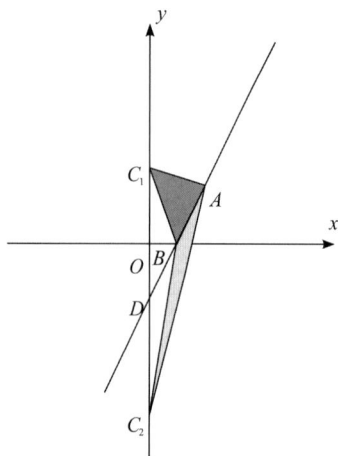

图 3-2-29

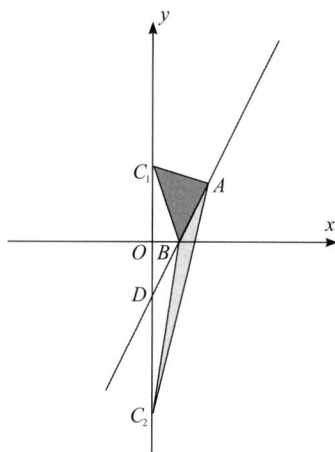

图 3-2-30

又 $S_{\triangle ABC}=\dfrac{1}{2}AB\cdot CE=2$,

解得:$CE=\dfrac{4\sqrt{5}}{5}$。

根据 $\triangle CDE\backsim\triangle BAF$,

则 $\dfrac{CD}{CE}=\dfrac{AB}{BF}$,

解得:$CD=4$,

则点 $C(0,2)$ 或 $(0,-6)$。

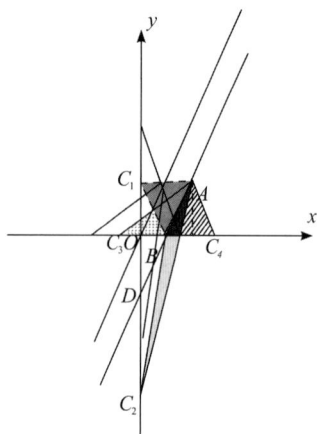

图 3-2-31

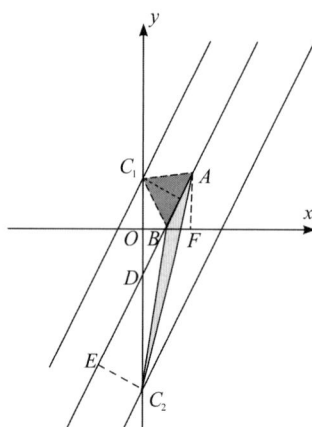

图 3-2-32

题后反思:从原题到 5 个变式题,渗透着特殊与一般及类比的思想;而变式 5 的多种解法中,解法 2、解法 3、解法 4、解法 6 都渗透着分类思想及分类的方法;解法 5 又渗透着等距平行线的模型("王"字图)。这 5 种解法中都有方程思想,尤其是解法 3、解法 4、解法 5,还渗透着其他数学思想:如分类讨论、数形结合、特殊与一般、函数思想等。

《义务教育数学课程标准(2011 年版)》的要求:感悟数学思想,积累数学活动经验,数学思想蕴涵在数学知识形成、发展和应用的过程中,是数学知识和方法在更高层次上的抽象与概括,如抽象、分类、归纳、演绎、模型等。学生在积极参与教学活动的过程中,通过独立思考、合作交流,逐步感悟数学思想。

数学思想方法揭示的是数学概念、原理、规律的本质,是解决数学问题的根本策略,是沟通基础知识与能力的桥梁,是数学的精髓。在例习题的求解中一定要注重提炼数学思想方法,达到触类旁通的目的。常用的数学思想方法有:整体思想、转化思想、建模思想、数形结合思想、分类讨论思想等(史宁中教授所说的数学基本思想主要是抽象、推理、模型)。

(五)反思性原则

例习题的变式要提倡解题后的反思,从知识、方法、思想、策略(模型)四个方面进行反思总结,这就是反思性原则。《义务教育数学课程标准(2011 年版)》课程总目标中提到情感态度这一项分目标时,明确要求学生要养成认真勤奋、独立思考、合作交流、反思质疑等学习习惯,形成实事求是的科学态度。

子曰:"学而不思则罔,思而不学则殆。"这句话对我们的例习题教学尤其有深刻的意义。我们都清楚,数学教师进行例习题教学时,对一题多解、多问、多变以及多题一解,之后若没有进行题后反思总结,学生受益就不大,教师的教学能力成长也不快。就如叶澜教授曾经说过的一句话:"一个教师写一辈子教案不一定能成为名师,如果一个教师写三年反思就有可能成为名师。"可见,例习题变式后,写题后反思不失为一种促进教师改进例习题教学策略、不断提升教学水平、提高教学质量的好方法,此外还可通过题后反思教会学生如何掌握例习题的多解、多问与多变的基本原理,真正达到"知其然——知其所以然——何由以知其所以然"的境界。

二、例习题简约化变式的思维导图

对于教材中的例习题的变式拓展,常把例习题放置在如图 3-2-33 的思维导图正中间进行发散思考,这样学生不仅学会了解决例习题的基本拓展思考方式,更能培养学生发散思维的应用意识。

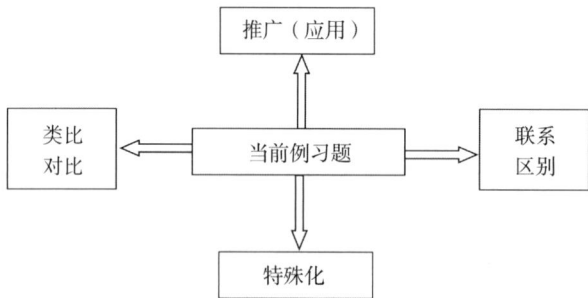

图 3-2-33

例如,人教版教材八年级下册 P29 第 14 题:

如图 3-2-34,△ACB 和△ECD 都是等腰直角三角形,$CA=CB$,$CE=CD$,△ACB 的顶点 A 在△ECD 的斜边 DE 上。求证:$AE^2+AD^2=2AC^2$。(提示:连接 BD)

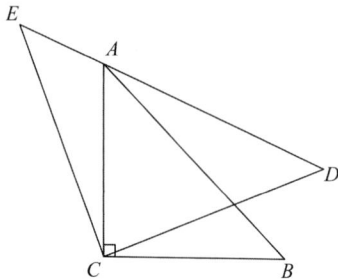

图 3-2-34

证法 1:如图 3-2-35,连结 BD。

∵ △ACB 和△ECD 是等腰直角三角形,

∴ $\angle ACB=\angle ECD=90°$,$CA=CB$,$CE=CD$,$\angle CED=\angle CDE=45°$。

又∵ $\angle ACB=\angle ACD+\angle BCD$,$\angle ECD=\angle ACD+\angle ACE$,

∴ $\angle ACE=\angle BCD$。

则△ACE≌△BCD。

∴ $\angle CED=\angle CDB=45°$,$AE=BD$。

则$\angle ADB=\angle CDE+\angle CDB=90°$。

在 Rt△ADB 与 Rt△ABC 中,

$AB^2=BD^2+AD^2=AE^2+AD^2$,$AB^2=AC^2+BC^2=2AC^2$,

即 $AE^2+AD^2=2AC^2$。

证法 2:如图 3-2-36,过点 A 分别作 AF $\perp CE$,$AG\perp CD$,垂足分别为 F,G。

则 $\angle AFE=\angle AFC=\angle AGC=\angle AGD$ $=90°$。

∵ $\triangle ECD$ 是等腰直角三角形,

∴ $\angle ECD=90°$,$\angle CED=\angle CDE$ $=45°$。

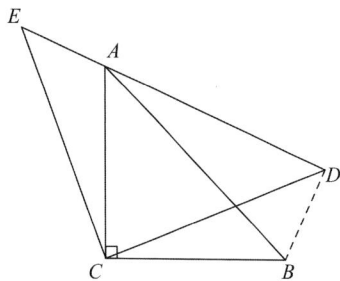

图 3-2-35

则四边形 $AFCG$ 是矩形,即 $AF=CG$。

在 $\triangle AEF$ 和 $\triangle ADG$ 中,

由于 $\angle AFE=\angle AGD=90°$,$\angle CED=$ $\angle CDE=45°$,

则 $\angle EAF=\angle GAD=45°$,即 $AF=$ EF,$AG=DG$。

在 Rt$\triangle AEF$ 与 Rt$\triangle AGD$ 中,

$AE^2=AF^2+EF^2=2AF^2=2CG^2$,

$AD^2=AG^2+DG^2=2AG^2$,

在 Rt$\triangle ACG$ 中,

由于 $AC^2=AG^2+CG^2$,则 $2AC^2=2AG^2+2CG^2=AE^2+AD^2$,

即 $AE^2+AD^2=2AC^2$。

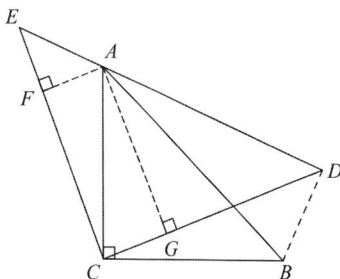

图 3-2-36

题后反思:从证明等式成立的方法角度来分析,证法 1 主要是从等式右边的 $2AC^2$ 出发思考,即用"分析法",将等式"$AE^2+AD^2=2AC^2$"变形为直接用勾股定理证明的"$a^2+b^2=c^2$"的形式去思考。以这种思路思考原等式右边数字"2"如何处理的问题,由于"$AE^2+AD^2=2AC^2$"可变形为"$AE^2+AD^2=(\sqrt{2}AC)^2$",应该在图形中去找能取代"$\sqrt{2}AC$"的线段 AB,这样原等式就可以转化为证明"$AE^2+AD^2=AB^2$"等式成立的问题。再通过三角形全等进行等线段的转化,构造 Rt$\triangle ABD$ 而得证;证法 2 是将"$AE^2+AD^2=2AC^2$"利用等式的基本性质先变形为"$\dfrac{1}{2}AE^2+\dfrac{1}{2}AD^2=AC^2$",再继续变为"$\left(\dfrac{\sqrt{2}}{2}AE\right)^2+\left(\dfrac{\sqrt{2}}{2}AD\right)^2=AC^2$",通过作垂线构造两个等腰直角三

角形 $\triangle AEF$ 和 $\triangle AGD$，得到 $AF=\dfrac{\sqrt{2}}{2}AE$，$AG=\dfrac{\sqrt{2}}{2}AD$，从而转化为证明 "$AF^2+AG^2=AC^2$"，通过矩形的性质，得到等线段转化 $AF=CG$，在 $\text{Rt}\triangle ACG$ 中得到证明 "$CG^2+AG^2=AC^2$"。这两种证法各有特点，都需进行等式的转化，且要构造直角三角形，原题的提示方法对降低解题难度有一定的作用，但也限定了学生的思维发散。人教版教材中有部分这样的题目，建议老师教学时可以对此类题目进行多解思考，隐去提示，放飞学生的思维，让学生自由地思考，这样学生思维的空间将更开放。

变式 1　如图 3-2-37，在 $\triangle ABC$ 中，$\angle ACB=90^\circ$，$\angle A=45^\circ$，点 P 是斜边 AB 上的一动点。

求证：$PA^2+PB^2=2PC^2$。

略证 1：如图 3-2-38，构造等腰直角 $\triangle PCD$，证明：$PA^2+PB^2=2PC^2$。

略证 2：同上页证法 2，如图 3-2-39，过点 P 分别作 $PD\perp AC$，$PF\perp BC$，构造矩形 $PDCF$，证明：$PA^2+PB^2=2PC^2$。

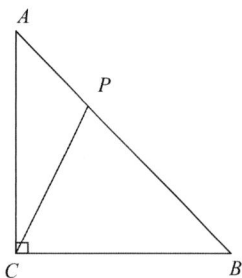

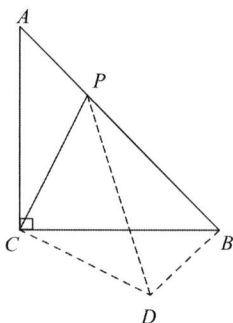

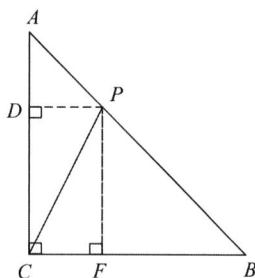

图 3-2-37　　　　　　　图 3-2-38　　　　　　　图 3-2-39

题后反思：简化图形之后，学生更容易看到简洁图形下存在的一般性结论，此题的两种证法对于证法 1 构造等腰直角三角形来说，辅助线多了些，可能更难想到，而证法 2 的辅助线作法更容易想到，且在证明过程中少了原证法 2 中的条件"等腰直角 $\triangle ACB$"。通过这样简化图形条件的变式，能让学生感受化繁为简，也能培养学生的类比归纳能力。

变式 2　如图 3-2-40，在 $\triangle ABC$ 中，$\angle ACB=90^\circ$，$\angle A=30^\circ$，点 P 是斜边 AB 上的一动点。求证：$4PC^2=PA^2+3PB^2$。

略证 1:如图 3-2-41,构造 $\triangle PCD \backsim \triangle ACB$,$\dfrac{AC}{AB}=\dfrac{PC}{PD}=\dfrac{\sqrt{3}}{2}$,则 $PD^2=$
$\dfrac{4PC^2}{3}$。

连接 BD,则可证明 $\triangle BCD \backsim \triangle ACP$,$\dfrac{AC}{BC}=\dfrac{PA}{BD}=\sqrt{3}$,$BD^2=\dfrac{PA^2}{3}$。

可证明 $\triangle PBD$ 是直角三角形,则 $PD^2=PB^2+BD^2$,则 $\dfrac{4PC^2}{3}=\dfrac{PA^2}{3}$
$+PB^2$,即 $4PC^2=PA^2+3PB^2$。

略证 2:如图 3-2-42,过点 P 分别作 $PD \perp AC$,$PE \perp BC$,垂足分别是
D,E 点,则可证明四边形 $PDCE$ 是矩形,即 $CE=PD$。

在 $\text{Rt}\triangle ADP$ 和 $\text{Rt}\triangle PEB$ 中,

$$PD^2=\dfrac{1}{4}PA^2,PE^2=\dfrac{3}{4}PB^2。$$

在 $\text{Rt}\triangle PCE$ 中,

由于 $PC^2=PE^2+CE^2=PE^2+PD^2$,则 $PC^2=\dfrac{1}{4}PA^2+\dfrac{3}{4}PB^2$,

即 $4PC^2=PA^2+3PB^2$。

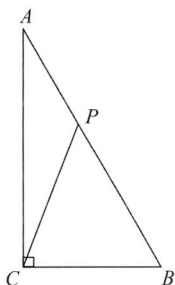

图 3-2-40

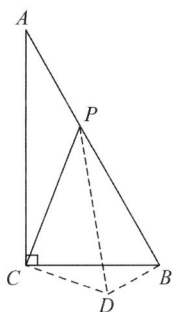

图 3-2-41

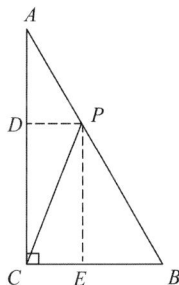

图 3-2-42

题后反思:从解题所应用知识的角度来看,利用的是"30°直角三角形中的边与边关系"的知识;从等式中"4"与"3"的变式方法来看,与原题变式一样,是从"特殊到一般"的变形思考;从题目条件变化的角度看,即"等腰直角三角形"到"30°的直角三角形",这是题目条件改变所引起结论变化的类比过程,再用相似的证法进行证明。通过这样的变式教学,学生不仅学会了题目条件变式的方法,还从中体会到类比思想,感悟到几何问题中"变"中"不变"的规律。

变式 3　如图 3-2-43,在△ABC 中,∠ACB＝90°,点 P 是斜边 AB 上的一动点。

求证:$PC^2＝\sin^2 A \cdot PA^2＋\sin^2 B \cdot PB^2$。

略证 1:如图 3-2-44,过点 C 作 CD⊥PC,且作∠CPD＝∠A,CD 与 PD 相交于点 D,则∠PCD＝∠ACB＝90°。

所以△PCD∽△ACB,即 $\dfrac{CD}{CB}＝\dfrac{PC}{AC}$,

又因为∠ACP＝∠ACB－∠PCB＝∠PCD－∠PCB＝∠DCB,

所以△ACP∽△BCD,$\dfrac{AC}{BC}＝\dfrac{AP}{BD}$,∠A＝∠CBD,

因此∠PBD＝∠ABC＋∠CBD＝∠ABC＋∠A＝90°。

在 Rt△ACB 中,$\tan A＝\dfrac{BC}{AC}$,而 $\tan A＝\dfrac{\sin A}{\cos A}$,$\cos A＝\sin B$。

由于 $\dfrac{AC}{BC}＝\dfrac{PA}{BD}$,则 $BD＝PA×\dfrac{BC}{AC}＝PA×\dfrac{\sin A}{\cos A}$,$BD^2＝PA^2×\dfrac{\sin^2 A}{\cos^2 A}$。

在 Rt△PBD 中,$PD^2＝PB^2＋BD^2$,

在 Rt△PCD 中,∠CPD＝∠A,则 $\cos\angle CPD＝\cos A＝\dfrac{PC}{PD}$,则 PD^2

$＝\dfrac{PC^2}{\cos^2 A}$,

∵$PD^2＝PB^2＋BD^2$,∴$PD^2＝\dfrac{PC^2}{\cos^2 A}＝PB^2＋PA^2×\dfrac{\sin^2 A}{\cos^2 A}$,

则 $PC^2＝\cos^2 A \cdot PB^2＋\sin^2 A \cdot PA^2$,

即 $PC^2＝\sin^2 A \cdot PA^2＋\sin^2 B \cdot PB^2$。

略证 2:如图 3-2-45,过点 P 分别作 PD⊥AC,PE⊥BC,垂足分别是 D,E 点,则可证明四边形 PDCE 是矩形,即 CE＝PD。

在△ADP 和△PEB 中,$\sin A＝\dfrac{PD}{PA}$,$\sin B＝\dfrac{PE}{PB}$,

则 $PD^2＝\sin^2 A \cdot PA^2$,$PE^2＝\sin^2 B \cdot PB^2$。

在 Rt△PCE 中,由于 $PC^2＝PE^2＋CE^2＝PE^2＋PD^2$,

即 $PC^2＝\sin^2 A \cdot PA^2＋\sin^2 B \cdot PB^2$。

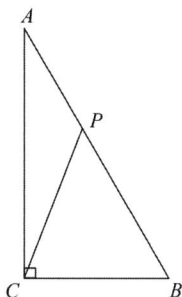
图 3-2-43

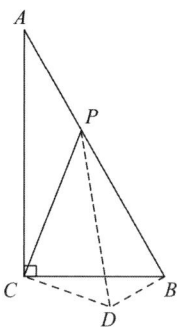
图 3-2-44

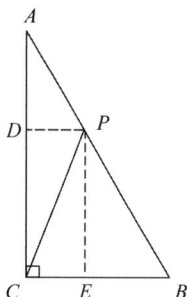
图 3-2-45

题后反思:从知识的角度来看,本题应用了三角形相似与三角函数等知识,知识应用的跨度大,从而增加了解题难度,但证法还是一样的;而从题目的变化角度来看,很值得思考,从"等腰直角三角形"到"30°的直角三角形"的变化,是"同质"之间的类比,因为两类特殊三角形经常一起出现,从而联想到一般性直角三角形中是否存在类似的等式成立?需要常有"特殊"到"一般"的类比思考,因此,这种变式教学为例题变式教与学提供了一种可借鉴的思考路径。

三、例习题简约化变式的流程

例习题简约化变式的流程见 3-2-46。

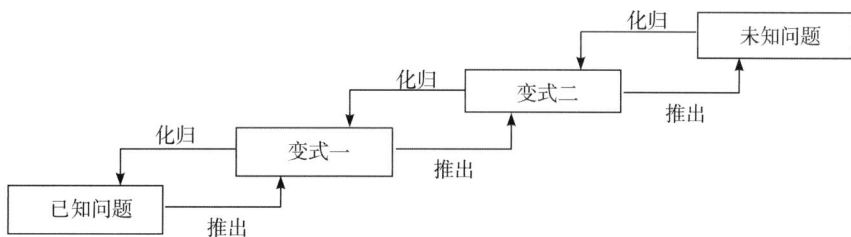

图 3-2-46

例如,人教版教材八年级上册 P136～137 例 3:

如图 3-2-47,"丰收 1 号"小麦的试验田是边长为 a m($a>1$)的正方形去掉一个边长为 1 m 的正方形蓄水池后余下的部分,"丰收 2 号"小麦的试

验田是边长为 $(a-1)$ m 的正方形。两块试验田的小麦都收获了 500 kg。

(1)哪种小麦的单位面积产量最高?

(2)高的单位面积产量是低的单位面积产量的多少倍?

变式 1 若 $a>1$,比较 $(a-1)^2$ 与 a^2-1 的大小。

变式 2 若 $a>1$,比较 $\dfrac{500}{(a-1)^2}$ 与 $\dfrac{500}{a^2-1}$ 的大小。

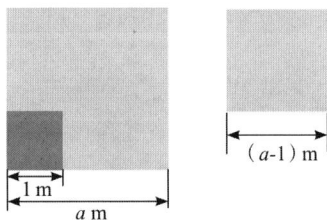

图 3-2-47

题后反思:上面例子是实际问题,分为变式 1 与变式 2 的两个数学问题,解决了这两个问题,便可回到原题的实际问题解决中,这些变式是问题不断转化(化归)的过程。

四、例习题简约化变式的类型

从条件与结论的变化形式来分,变式可分为四种类型(即条件变式,过程变式,结论变式,组合变式)。

(一)条件变式

因例习题的条件发生变化,而产生相应的结论的这种变式称之为"条件变式"。

1. 条件变化结论不变

例如,人教版教材八年级下册 P69 第 14 题:

如图 3-2-48,四边形 $ABCD$ 是正方形,点 E 是边 BC 的中点,$\angle AEF=90°$,且 EF 交正方形外角的平分线 CF 于点 F。求证:$AE=EF$。(提示:取 AB 的中点 G,连接 EG。)

变式 1 已知,四边形 $ABCD$ 是正方形,点 E 是边 BC 上的任意点,$\angle AEF=90°$,且 EF 交正方形外角的平分线 CF 于点 F。求证:$AE=EF$。(请画图并证明)

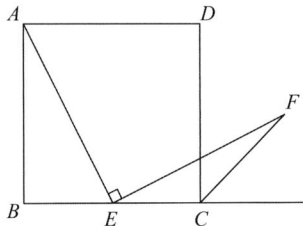

图 3-2-48

变式 2　已知,四边形 $ABCD$ 是正方形,点 E 是边 BC 延长线上的任意点,$\angle AEF=90°$,且 EF 交正方形外角的平分线 CF 所在的直线于点 F。求证:$AE=EF$。(请画图并证明)

变式 3　已知,四边形 $ABCD$ 是正方形,点 E 是边 CB 延长线上的任意点,$\angle AEF=90°$,且 EF 交正方形外角的平分线 CF 所在的直线于点 F。求证:$AE=EF$。(请画图并证明)

变式 4　已知,四边形 $ABCD$ 是正方形,点 E 是直线 BC 上的任意点,$\angle AEF=90°$,且 EF 交正方形外角的平分线 CF 所在的直线于点 F。求证:$AE=EF$。(请画图并证明)

2. 条件与结论互换的变式

例如,人教版教材八年级下册 P34 第 6 题:

如图 3-2-49,在正方形 $ABCD$ 中,E 是 BC 的中点,F 是 CD 上一点,且 $CF=\dfrac{1}{4}CD$。求证:$\angle AEF=90°$。

变式 1　如图 3-2-49,在正方形 $ABCD$ 中,E 是 BC 的中点,F 是 CD 上一点,且 $\angle AEF=90°$。求证:$CF=\dfrac{1}{4}CD$。

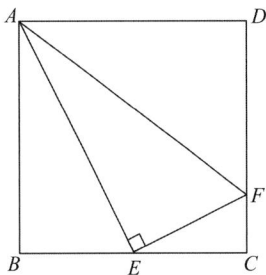

图 3-2-49

变式 2　如图 3-2-49,在正方形 $ABCD$ 中,E 是 BC 上的点,F 是 CD 上一点,$CF=\dfrac{1}{4}CD$,且 $\angle AEF=90°$。求证:E 是 BC 的中点。

3. 条件变化结论也相应变化

例如,人教版教材八年级下册 P68 第 9 题。

我们把顺次连接任意四边形各边中点所得的四边形叫作中点四边形。

(1)任意四边形的中点四边形是什么形状? 为什么?

(2)任意平行四边形的中点四边形是什么形状? 为什么?

(3)任意矩形、菱形和正方形的中点四边形分别是什么形状? 为什么?

变式 1　梯形的中点四边形是_____;

变式 2　直角梯形的中点四边形是_____；

变式 3　等腰梯形的中点四边形是_____；

变式 4　对角线相等的四边形的中点四边形都是_____；

变式 5　对角线互相垂直的四边形的中点四边形都是_____；

变式 6　对角线互相平分的四边形的中点四边形都是_____；

变式 7　对角线互相平分且相等的四边形的中点四边形都是_____；

变式 8　对角线互相平分且垂直的四边形的中点四边形都是_____；

变式 9　对角线互相垂直且相等的四边形的中点四边形都是_____；

变式 10　对角线互相平分、垂直且相等的四边形的中点四边形都是

_____。

（二）过程变式

过程变式是指在数学解题活动的全过程中,通过有层次地推进,使学生在解决问题活动中发现多个台阶或者多种途径,从而形成多层次的活动经验系统,培养学生灵活的问题解决能力。

例如,人教版教材九年级上册 P87 的例 4:

如图 3-2-50,$\odot O$ 的直径 AB 为 10 cm,弦 AC 为 6 cm,$\angle ACB$ 的平分线交 $\odot O$ 于 D 点,求 BC,AD,BD 的长。

变式 1　如图 3-2-50,$\odot O$ 的直径 AB,弦 AC,$\angle ACB$ 的平分线交 $\odot O$ 于 D 点,连接 BC,AD,BD。求证:$CB + CA = \sqrt{2}CD$。

证法 1（略证）:如图 3-2-51,延长 CB 至 E,使 $BE = AC$,可证明 $\triangle ACD \cong \triangle BED$,则 $CD = DE$,再证明 $\triangle ECD$ 是等腰直角三角形,$CE = CB + BE = \sqrt{2}CD$,即 $CB + CA = \sqrt{2}CD$。

评析:从几何图形的变化角度思考,旋转构造三角形全等;从等式的变化角度思考,线段的补短(线段 CB 往 B 端补短);从 $\sqrt{2}$ 的角度思考,构造等腰直角三角形。

证法 2（略证）:如图 3-2-52,延长线段 BC,使 $CE = AC$,连接 AE。则可证明 $\triangle ACE$ 是等腰直角三角形,$CA + CB = CE + CB = BE$,则证明 $\triangle EAB \backsim \triangle CAD$,即 $\sqrt{2}$ 即可,即 $EB = \sqrt{2}CD$。则 $CB + CA = \sqrt{2}CD$。

评析:从等式的变化角度思考,线段的补短(线段 CB 往 C 端补短);从

几何图形的变化角度思考,旋转构造三角形相似。

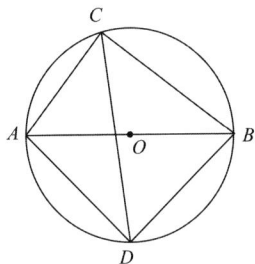

图 3-2-50

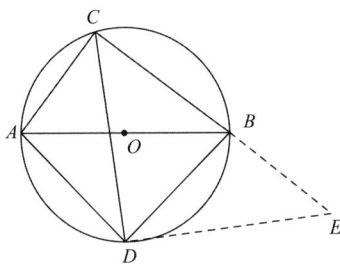

图 3-2-51

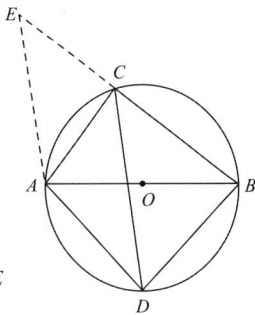

图 3-2-52

变式 2　如图 3-2-53,⊙O 的直径 AB,弦 AC,AD,BD,BC,CD,且 $AD=BD$,$CB>CA$。请判断 CA,CB,CD 的数量关系,并说明理由。

解法 1(略解):如图 3-2-54,在线段 BC 上截取 BE,使 $BE=AC$,连接 DE,可证明 $\triangle ACD \cong \triangle BED$,则 $CD=DE$,再证明 $\triangle ECD$ 是等腰直角三角形,$CE=CB-BE=\sqrt{2}CD$,即 $CB-CA=\sqrt{2}CD$。

解法 2(略解):如图 3-2-55,在线段 BC 上截取 CE,使 $CE=AC$,连接 AE,则可证明 $\triangle ACE$ 是等腰直角三角形,$CB-CA=CB-CE=BE$,可证明 $\angle AEB=\angle ACD=135°$,且 $\angle ADC=\angle ABC$,则证明 $\triangle AEB \backsim \triangle ACD$,即 $\dfrac{EB}{CD}=\dfrac{AB}{AD}=\sqrt{2}$,即 $EB=\sqrt{2}CD$,则 $CB-CA=\sqrt{2}CD$。

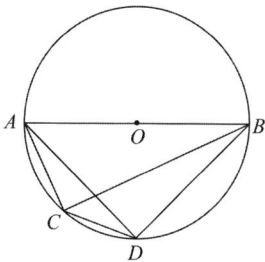

图 3-2-53

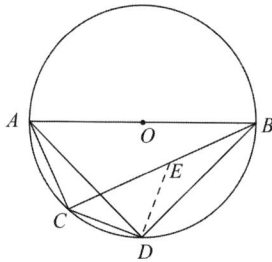

图 3-2-54

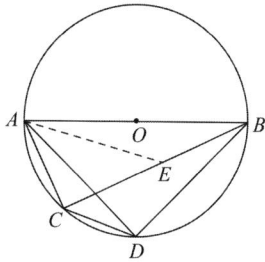

图 3-2-55

变式 3　已知等腰直角 $\triangle ABD$ 是 ⊙O 的内接三角形,$\angle ADB=90°$,$AD=BD$,点 C 是 ⊙O 上的点,$CB>CA$。请判断 CA,CB,CD 的数量关系,并说明理由。

变式 3 略析:因为点 C 是 ⊙O 上的动点,可分两种情况讨论:

(1)当点 C 与点 D 分别位于直径 AB 两侧时,即如图 3-2-50 时,则可证明:$CB+CA=\sqrt{2}CD$。

(2)当点 C 与点 D 位于直径 AB 同侧时,即如图 3-2-53 时,则可证明:$CB-CA=\sqrt{2}CD$。

又例如,人教版教材九年级上册 P90 的第 14 题:

如图 3-2-56,A,P,B,C 是 $\odot O$ 上的四个点,$\angle APC=\angle CPB=60°$,判断 $\triangle ABC$ 的形状,并证明你的结论。

变式 1　如图 3-2-57,A,P,B,C 是 $\odot O$ 上的四个点,$\angle APC=\angle CPB=60°$,判断 PA,PB,PC 的数量关系,并证明你的结论。

解法(略解):如图 3-2-58,在线段 CP 上截取 CD,使 $CD=PB$,连接 AD,可证明 $\triangle ACD\cong\triangle ABP$,则 $AD=AP$。

再证明 $\triangle PAD$ 是等边三角形,则 $PA=PD$,$PC=PD+CD=PA+PB$,即 $PC=PA+PB$。

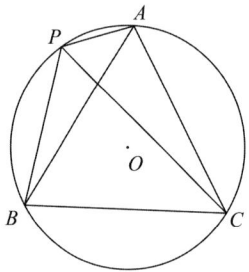
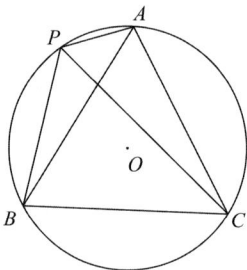
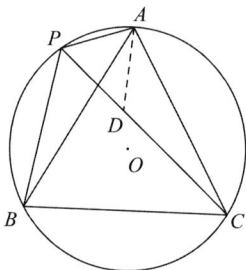

图 3-2-56　　　　　　　图 3-2-57　　　　　　　图 3-2-58

变式 2　已知等边 $\triangle ABC$ 是 $\odot O$ 的内接三角形,点 P 是 $\odot O$ 上的点(不与 A,B,C 三点重合)。判断 PA,PB,PC 的数量关系,并证明你的结论。

变式 2 略析:因为点 P 是 $\odot O$ 上的动点,可分三类情况讨论:

(1)当点 P 在弧 AB 上时,如图 3-2-59,则 $PC=PA+PB$;

(2)当点 P 在弧 BC 上时,如图 3-2-60,则 $PA=PB+PC$;

(3)当点 P 在弧 AC 上时,如图 3-2-61,则 $PB=PA+PC$。

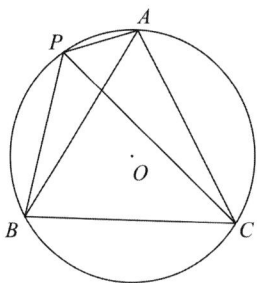

图 3-2-59

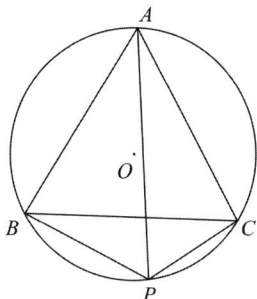

图 3-2-60

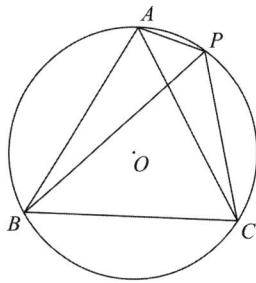

图 3-2-61

变式 3　如图 3-2-62，A，P，B，C 是 ⊙O 上的四个点，$AB = AC$，$\angle BAC = \alpha$。判断 PA，PB，PC 的数量关系（用含 α 的式子表示），并证明你的结论。

解法 1（略解）：如图 3-2-63，在线段 BP 上取点 D，使 $AD = AP$，连接 AD。

因为 $\angle APB = \angle ACB = \angle ABC$，则可证明 $\angle BAC = \angle DAP = \alpha$。

则 $\angle BAD = \angle CAP$。

可证明 $\triangle ABD \cong \triangle ACP$，

则 $BD = PC$，$PB - PC = PB - BD = PD$。

在等腰 $\triangle ADP$ 中，过点 A 作 $AE \perp PD$，垂足为 E 点，则 $PE = DE$，$\angle EAD = \angle EAP = \dfrac{1}{2}\alpha$，即

$PE = \sin\dfrac{\alpha}{2} \cdot PA$，则 $PB - PC = 2\sin\dfrac{\alpha}{2} \cdot PA$。

解法 2（略解）：如图 3-2-64，在线段 BP 上截取 PE，使 $PE = PC$，连接 CE，则 $PB - PC = PB - PE = BE$。

因为 $\angle BAC = \angle EPC = \alpha$，则 $\angle PEC = \angle PCE = \angle ABC = 90° - \dfrac{1}{2}\alpha$，

又 $\angle BEC + \angle PEC = 180°$，$\angle APC + \angle ABC = 180°$，

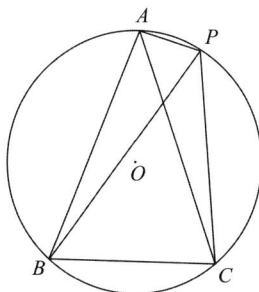

图 3-2-62

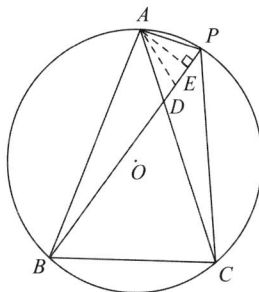

图 3-2-63

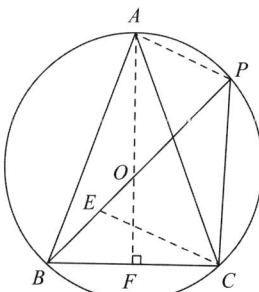

图 3-2-64

则 $\angle BEC = \angle APC$，且 $\angle CBE = \angle CAP$，

$\therefore \triangle ACP \backsim \triangle BCE , \therefore \dfrac{AP}{BE} = \dfrac{AC}{BC}$。

过点 A 作 $AF \perp BC$，垂足为 F 点，则 $BF = CF$，$\angle BAF = \angle CAF = \dfrac{1}{2}$ α，即 $CF = \sin\dfrac{\alpha}{2} \cdot AC , BC = 2AC \cdot \sin\dfrac{\alpha}{2}$。则 $PB - PC = BE = \dfrac{BC}{AC} \cdot PA$ $== 2\sin\dfrac{\alpha}{2} \cdot PA$。

上述例题与习题的变式主要是题目之间条件（或图形）不断地变化，及解题过程中多解变化，体现了过程性变式。

（三）结论变式

题目条件不变，结论发生了变化，这就如"一题多问"的形式，称之为"结论变式"。

例如，人教版教材八年级上册 P112 第 7 题：

已知 $a + b = 5 , ab = 3$。求 $a^2 + b^2$ 的值。

变式 1　已知 $a + b = 5 , ab = 3$。求 $(a - b)^2$ 的值。

变式 2　已知 $a + b = 5 , ab = 3$。求 $a - b$ 的值。

变式 3　已知 $a + b = 5 , ab = 3$。求 $a^2 - b^2$ 的值。

变式 4　已知 $a + b = 5 , ab = 3$。求 $a^3 + b^3$ 的值。

变式 5　已知 $a + b = 5 , ab = 3$。求 $a^4 + b^4$ 的值。

变式 6　已知 $a + b = 5 , ab = 3$。求 $a^5 + b^5$ 的值。

（提示：变式 4、变式 5、变式 6 适合参加数学竞赛的学生。）

又例如八年级下册 P15 第 8 题：

已知 $a + \dfrac{1}{a} = \sqrt{10}$，求 $a - \dfrac{1}{a^2}$ 的值。（提示：利用 $\left(a - \dfrac{1}{a}\right)^2$ 与 $\left(a + \dfrac{1}{a}\right)^2$ 之间的关系）

变式 1　已知 $a + \dfrac{1}{a} = \sqrt{10}$。求 $a^2 + \dfrac{1}{a^2}$ 的值。

变式 2　已知 $a + \dfrac{1}{a} = \sqrt{10}$。求 $\left(a - \dfrac{1}{a}\right)^2$ 的值。

变式 3　已知 $a+\dfrac{1}{a}=\sqrt{10}$。求 $a^2-\dfrac{1}{a^2}$ 的值。

变式 4　已知 $a+\dfrac{1}{a}=\sqrt{10}$。求 $a^3+\dfrac{1}{a^3}$ 的值。

变式 5　已知 $a+\dfrac{1}{a}=\sqrt{10}$。求 $a^4+\dfrac{1}{a^4}$ 的值。

变式 6　已知 $a+\dfrac{1}{a}=\sqrt{10}$。求 $a^5+\dfrac{1}{a^5}$ 的值。

（提示：变式 4、变式 5、变式 6 适合参加数学竞赛的学生。）

（四）组合变式

由条件的变化引起结论的变化，而求解过程中又存在解答过程的变化，因此称之为"组合变式"。

例如，人教版教材八年级上册 P83 第 12 题（或九年级上册 P63 第 10 题）：如图 3-2-65，$\triangle ABD$，$\triangle AEC$ 都是等边三角形。求证：$BE=DC$。

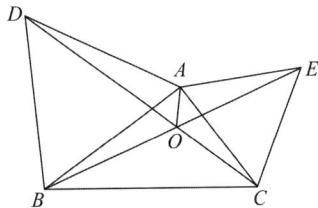

图 3-2-65

分析：欲证 $BE=DC$，可联想到 $\triangle ADC$ 与 $\triangle ABE$ 全等。对于 $\triangle ADC\cong\triangle ABE$ 的证明，可从两个角度分析：（1）从动态的角度来观察，把 $\triangle ABE$ 绕着点 A 顺时针旋转 $60°$，点 B 与点 D，点 E 与点 C 重合，得到 $\triangle ADC$，所以 $\triangle ADC\cong\triangle ABE$；（2）从静态的角度来分析，由题目"$\triangle ABD$，$\triangle AEC$ 都是等边三角形"的条件中可得到 $AD=AB$，$AC=AE$，且 $\angle DAB=\angle CAE=60°$，再从 $\angle DAB=\angle CAE=60°$ 这一条件进一步加工出条件"$\angle DAC=\angle BAE$"，从而得到 $\triangle ADC$ 与 $\triangle ABE$ 全等（边角边）。

通过这样动静两个角度的分析引导，培养学生分析问题的能力及几何直观能力，再把解题过程按条理顺序写出，提高了学生的逻辑推理能力。

多问 1　如图 3-2-66，设 CD 与 BE 相交于点 O，AB 与 CD 相交于点 M，AC 与 BE 相交于点 N。求 $\angle BOD$，$\angle DOE$ 的度数。

分析：由原题的求证可得 $\triangle ADC \cong \triangle ABE$，则 $\angle ADC = \angle ABE$，在线段 AB 与 DO 形成的"8"字形图形中，可得到 $\angle DAB = \angle BOD = 60°$，则 $\angle DOE = 120°$；也可由 $\angle DOE = \angle BDO + \angle DBO$，从三角形全等得到角相等，通过等量代换，进而得到 $\angle DOE = 120°$。前者的解法建立在模型的基础上，后者的解法建立在等量代换基础上。

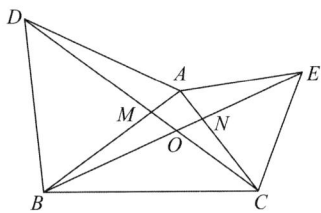

图 3-2-66

多问 2 如图 3-2-67，连接 AO，其他条件不变。求证：AO 平分 $\angle DOE$。

分析：要证明 AO 平分 $\angle DOE$，可联想到角平分线的逆定理——到角的两边距离相等的点在角平分线上，因此，如图 3-2-67，过点 A 分别作 $AG \perp CD$，$AH \perp BE$，垂足分别是点 G、H。可通过再证明 $\triangle ADG \cong \triangle ABH$（或 $\triangle AGC \cong \triangle AHE$），得到 $AG = AH$，从而证明 AO 平分 $\angle DOE$。当然，还可以由 $\triangle ADC \cong$

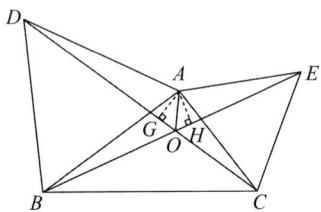

图 3-2-67

$\triangle ABE$，得到 $S_{\triangle ADC} = S_{\triangle ABE}$，且 $CD = BE$，则 $AG = AH$。不仅能通过证明三角形全等来证明 $AG = AH$，还能通过等积法来证明，让学生感觉到等积法的美妙。

多问 3 如图 3-2-67，其他条件不变。求 $\angle AOD$，$\angle AOE$，$\angle AOB$，$\angle AOC$，$\angle BOC$ 的度数。

分析：综合多问 1、多问 2 的结论，很自然地求得 $\angle AOD = \angle AOE = 60°$，$\angle AOB = \angle AOC = \angle BOC = 120°$。

通过对原题不懈地多问多思，得到许多的结论；同时，对于多问 1、多问 2 的多解思考，能更进一步培养学生的发散思维能力。

变式 1 如图 3-2-68，已知 $\triangle ABC$ 中，每一个内角都小于 $120°$，在 $\triangle ABC$ 内找一个点 O，使 $\angle AOB = \angle BOC = \angle AOC = 120°$。请画图找出点 O，并证明。

分析：如图 3-2-67，分别以 AB，AC 边

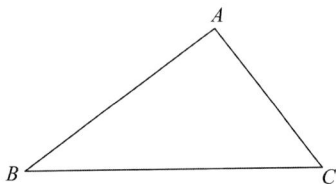

图 3-2-68

为边向外画等边三角形△ABD,△AEC,连接 CD,BE,则相交的点即为要找的点 O。此题的证明不难,实际上就是原题与多问 3 结论的应用。

通过这样的变式,对原题与多问的结论进行进一步理解并应用,培养学生的应用意识与创新意识。(其中变式 1 可进一步拓展应用,点 O 就是△ABC 的费马点。)

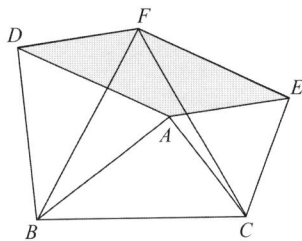

图 3-2-69

变式 2　如图 3-2-69,以△ABC 的三边为边在 BC 的同一侧分别作三个等边三角形,即△ABD,△ACE,△BCF。请回答下列问题:

(1)判断四边形 ADFE 是什么四边形?

(2)当△ABC 满足什么条件时,四边形 ADFE 是菱形、矩形、正方形?

(3)当△ABC 满足什么条件时,以 A,D,F,E 为顶点的四边形不存在?

分析:(1)要证四边形 ADEF 是平行四边形,可通过两组对边分别相等证明;

(2)当△ABC 中的 AB＝AC 时,则 AD＝AE,平行四边形 ADFE 是菱形。

当△ABC 中的∠BAC＝150°时,平行四边形 ADFE 是矩形。因为∠BAD＝∠EAC＝60°,∠BAC＝150°,所以∠EAD＝90°,所以平行四边形 ADFE 是矩形。

由上述条件可得:当△ABC 中的 AB＝AC,∠BAC＝150°时,平行四边形 ADFE 是正方形;即同时满足是菱形与矩形的条件,则平行四边形 ADFE 是正方形。

(3)当△ABC 的∠BAC＝60°时,以 A,D,F,E 为顶点的四边形不存在。因为∠BAC＝∠BAD＝∠EAC＝60°,所以∠EAD＝180°,此时 E,A,D 三点共线,四边形不存在。(也可通过几何画板,拖动点 A 来验证。)

变式 3　人教版教材九年级上册 P76 第 5 题:

如图 3-2-70,C 是线段 BC 上的点,△ABC 和△ECD 都是等边三角形,△EBC 可以看作是△DAC 经过平移、轴对称或旋转得到的。说明得到△EBC 的过程。

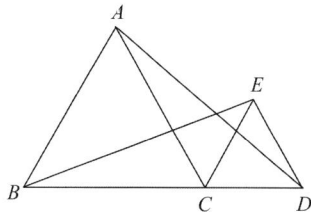

图 3-2-70

多问 1　如图 3-2-71,设 AD 与 BE 相交于点 O,AC 与 BE 相交于点 M,AD 与 CE 相

交于点 N。求 $\angle ACE$，$\angle BOD$ 的度数。

多问 2 如图 3-2-72，连接 CO，其他条件不变。求证：CO 平分 $\angle BOD$。

多问 3 如图 3-2-73，若 $BD=8$ cm，点 C 是线段 BD 上的动点，分别以线段 BC，CD 向上作等边 $\triangle ABC$ 与等边 $\triangle CDE$，连接 AE，点 F 是线段 AE 的中点。当点 C 从点 B 运动到点 D 时，求点 F 的运动路径长是多少？

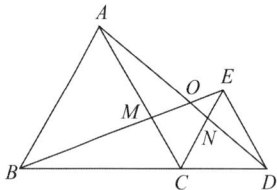 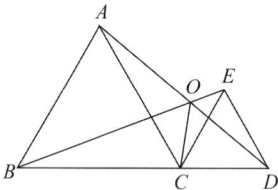 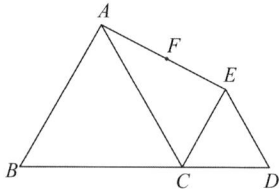

图 3-2-71 　　　　　 图 3-2-72 　　　　　 图 3-2-73

以上三道变式题，变式 1 是从逆向思考的角度，对原题的结论进行应用的变式；变式 2 从原题的角度进行拓展变式，即再以 BC 边向外作一个等边 $\triangle FBC$；变式 3 是从特殊化的角度进行变式，变式 3 的多问 1、多问 2 类比于原题的多问 1、多问 2，多问 3 是拓展到动点问题。这三道变式题的背景均来自原题的再思考，通过这样的变式拓展，可培养学生的应用创新能力，在学生理解的情况下，注重变式思考的方向与模式，同时对其他题目的再思考起到借鉴作用。

题后反思：(1)教材中的例习题是解题的素材，要深入理解教材中的例习题，并引导学生深入分析，之后再进行解题的反思与归纳，从而提升学生的归纳能力。如：原题证明线段相等之后，可引导学生进行线段相等的证明方法的归纳。线段相等的证明总体可分为两种方法：第一，代数法，通过代数的计算，求出两线段的长度一样而相等(用勾股定理等)，如原题的多问 2 中，通过面积相等从而求得线段相等；第二，几何法，通过几何证明得到线段相等，主要有三种方法：①通过证明两个三角形全等，从而得到全等三角形的对应边相等，如原题的证明；②通过等角对等边证明；③特殊图形中的特殊线段相等，如平行四边形的对边相等，对角线互相平分等知识。

(2)变式教学是促进有效数学学习的重要方式，通过对数学对象(数学概念、定理、公式等)从不同角度、不同层次、不同背景进行合理的变式探索，有意识地引导学生拾级而上，从"变"的现象中发现"不变"的本质，从

"不变"中探求规律,从而深化对数学知识的理解,将特殊问题一般化,使零散知识规律化,改善学生对数学的认知结构,提高识别、应变、概括能力,达到学生能"发现问题并提出问题"的目的,从而提高应用创新能力,提升学生的数学核心素养。

总之,例习题简约化变式要求学生所做的例习题不在于多而在于精,千题百题源于母题(课本原题),通过例习题简约化变式,使学生跳出题海,融会贯通,举一反三,这也是实施简约化数学课堂的有效途径。简约化数学课堂就是要使教师和学生在低消耗、低成本的教学过程中达到教学的最优化和效果的最大化。

第四章

简约化数学教学的课堂实践

　　《义务教育数学课程标准(2011年版)》提出的基本理念包括数学与数学课程的价值,数学内容的选择与呈现,数学教学方法,数学教学评价及信息技术在数学课程与教学中的作用等。数学课程的理念与目标的落实要通过教师的每一节课、每一个教学活动来实现。教师要理解《义务教育数学课程标准(2011年版)》中的理念、目标以及一些重要的核心概念的含义,并有意识地在实际教学中体现出来。

　　经过多年的课程改革实践,教师的教学观念与教学方法已有很大改变。这些改变是积极的,如课堂活跃起来了,学生动手和动脑的机会多了,逐步从形式的改变转化为实质的改变。我们不仅要让学生掌握知识,还要让他们在掌握知识的过程中潜移默化地掌握数学思想,而要掌握数学思想,学生就必须进行独立的思考。所以教师要做的事情就是如何启发学生思考,公式的推导、定义的归纳、定理的阐述,都可以启发学生思考其过程。要紧紧抓住如何让学生进入思考,把知识变为学生自己的知识。从传统的以讲授为中心转变为以启发学生思考为中心,教师不仅要关注学生对知识的记忆程度,还要关注学生对知识的理解过程,这些对教师来说都非常重要。

　　正确把握《义务教育数学课程标准(2011年版)》中的理念与目标,结合简约化数学教学的理念与主张,笔者精心设计了简约化数学导学课、简约化数学概念课、简约化数学练习课、简约化数学活动课、简约化数学复习课、简约化数学试卷讲评课六类教学课型,并在实践中不断调整和提高。

第一节　简约化数学导学课教学

当下数学课堂教学中存在以下现象:大部分数学老师很少关注每一章知识的整体结构及章前内容(全章目录、章前言、章前图等),主要原因有两个:一是现行的优秀教案(或教学设计)中很少有章前导学的教学设计;二是老师们对章前导学重视不够。这种教学观下,多数学生对全章知识结构的认知是碎片状的,很难形成整体的体系。

布鲁纳认为:学习知识,首先要掌握知识结构,让认知结构与教材知识结构实现对接,把"点"的知识放在"网"中去考察研究,从而构建起完整的知识体系。数学导学课建构了简约整体的知识结构体系,是简约化数学课堂教学极其重要的一种课型。

一、简约化数学导学课的特点

(一)系统性

将引导学生整理学习内容、建立新旧知识联系作为必需的学习过程,及时将习得的新知识纳入已有认知结构的适当位置,使之形成具有较强结构功能的新认知结构。数学的严谨性、抽象性的学科特点使得在数学教学中强调系统性更为重要,同时,数学导学课的系统性也是简约化数学教学的特点。

(二)导学性

用"先行组织者"(奥苏贝尔)策略构建学生学习的路径,课堂的关键是教师引导下的学生学习,课堂上师生的互动,学生主体的体现,教师导得简约自然,学生学得具体深入,既入脑又入心,靠近学生的最近发展区,最终培养学生的学习能力。

(三)发展性

知识点的外延在系统知识块的整个局面来看是生长的,具有预见性,并在以后的发展中能够继续起作用,同时引领整个系统知识的发生、发展和深化,而且随着学习的深入,知识的内涵变得更加丰富。

二、简约化数学导学课的分类

(一)学习知识为主的导学课

以学习全章或某单元知识为主,建构整体知识的网络系统的导学课,可设置在每一章或章中的某单元的第一节课,称之为章前知识导学课或节前知识导学课。案例 4-1-1 给出了一个典型的节前知识导学课的教学设计。

案例 4-1-1

"同底数幂的乘法"教学设计(人教版教材)

一、内容分析

(一)课标要求

本节课内容属于《义务教育数学课程标准(2011 年版)》中的"数与代数"领域,课标要求"能进行简单的整式乘法运算(其中多项式相乘仅指一次式之间以及一次式与二次式相乘)"。

(二)教材分析

(1)知识层面:本节是人教版八年级上册第十四章《整式的乘法与因式分解》中"整式的乘法"的内容。"整式的乘法"是整式加减的延续和发展,也是后续学习因式分解、分式的基础。整式的乘法运算包含单项式与单项式相乘、单项式与多项式相乘、多项式与多项式相乘,它们逐步转化为单项式乘法。单项式的乘法又以幂的运算性质为基础,基本形式为 $a^m b^n$,$(a^m)^n$,$(ab)^m$。因此,"整式的乘法"的内容和逻辑线索是同底数幂的乘法—幂的乘方—积的乘方—单项式乘单项式—单项式乘多项式—多项式乘多项式—乘法公式(特例)。

由此可见,同底数幂的乘法是整式乘法的逻辑起点,是该章的起始课,作为章起始课,承载着单元知识以及学习方法、路径的引领作用。

(2)能力层面:"同底数幂的乘法法则"的学习,可以按"观察—实验—猜想—验证"的过程安排,这样能体现从特殊到一般的归纳方法,这种方法在探究代数运算规律的时候经常用到。当学生理解和掌握了"同底数幂的乘法"的学习方法和研究路径后,学生就能运用类比的方法,自主地学习"幂的乘方"和"积的乘方",最后达成由学会到会学的目的。

(3)思想层面:在数学教学中,应更多关注数学思想方法的渗透,让学生不仅会解题,还学会如何发现问题、提出问题、分析问题。从数的运算到整式的运算体现了类比的思想;从预设的各种算式中发现整式乘法的三种类型,体现了分类的思想;同底数幂乘法法则的探究过程与练习巩固所举例子都体现了由特殊到一般的思想;同底数幂乘法法则的验证再到应用举例则体现了从一般到特殊的思想;同底数幂乘法法则本身是把乘法运算转化成了指数相加的运算;底数互为相反数的幂的乘法运算变成同底数幂乘法运算,体现了化归思想。多种思想方法的有效渗透,让学生在无形中提升了数学素养,激发了科学探索的创新精神。

(三)学情分析

八年级学生已掌握了有理数与整式加减的运算,并已初步具有用字母表示数的思想及整式加减运算的思路。但用字母表示数来归纳同底数幂的乘法法则,使其具有一般性,对学生的抽象思维能力和逻辑推理能力要求较高,因此,需要设计从特殊到一般的过程,引导学生观察、发现、归纳,为学生概括法则做好铺垫。

在数学能力方面,八年级学生的思维处于从具体形象思维到抽象逻辑思维的转化期,逻辑思维能力不是很强,整体意识、化归意识还比较淡薄。所以,本课学习中,在利用相反数(式)对多项式进行整体转化时难度会加大。

二、教学目标

基于教学内容的地位和作用及学情分析,制订如下三个教学目标:

(1)通过类比学习,明确本章的学习主线和学习同底数幂乘法的必要性。

(2)运用"从特殊到一般"的方法发现并归纳同底数幂的乘法法则,经历"观察—猜想—验证—概括"的过程,培养学生观察、发现、归纳能力以及语言表达能力。

(3)理解法则的意义和适用条件,能熟练运用法则进行计算,体验化归思想,并能解决一些简单的实际问题。

三、教学重难点

(一)重点

(1)构建"先行组织者",使学生明确本章的学习主线;

(2)同底数幂乘法法则的探究与应用。

(二)难点

(1)将整式的乘法运算化归为三种最基本的幂的运算——同底数幂的乘法、幂的乘方和积的乘方;

(2)底数互为相反数的幂的乘法。

四、教学策略

基于对教学内容和学生学情的分析,可以采取以下教学策略:

(一)"先行组织者"策略

在"复习回顾"这一环节,引导学生类比有理数运算的学习内容和路径,引出本章学习内容,一是为本节课及本单元学习提供知识准备和研究素材,二是为新知学习提供研究线索和研究方法。

(二)"整体感悟"策略

在"复习回顾"环节中,让学生构造乘法算式,通过小组合作对所得算式进行分类,帮助学生整体感悟整式乘法的基本类型。在学生猜想多项式乘法运算方法后,通过展开,使学生感受到整式的乘法都是转化为单项式乘以单项式,其基础是幂的三种运算,再一次让学生整体感悟幂的乘法运算类型。

(三)"过程性"策略

在"幂的运算"这一单元中,通过"从特殊到一般"的认知方法获得新知,需要经历"发现和猜想—验证和去伪—归纳与概括—应用与拓展"的知识形成过程。因此,对"同底数幂的乘法"的学习过程,按上述过程安排,在过程中始终渗透"从特殊到一般"的方法,并努力让学生明确这样的"基本套路",使学生在"幂的乘方""积的乘方"以及后面"同底数幂的除法"的学习中,都可以类比这样的过程和方法开展自主学习,培养学生自主学习的能力。

(四)"分层递进"策略

为了帮助学生理解法则意义、适用条件,突破难点,在运用法则环节设计了辨一辨、做一做、判一判、练一练四个步骤。

五、教学过程

(一)复习回顾

(1)类比已经学习过的数的运算内容及研究路径,结合已经学习的整式运算,猜想如何继续学习整式的其他运算?(尝试用思维导图表示)(如图 4-1-1)

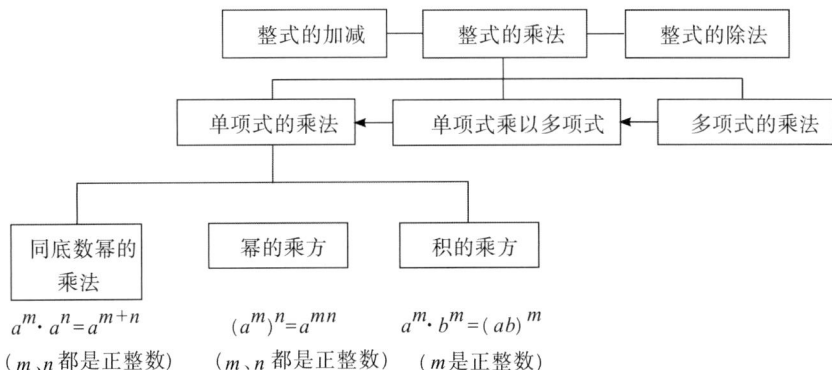

整式的加减　整式的乘法　整式的除法

单项式的乘法　单项式乘以多项式　多项式的乘法

同底数幂的乘法　幂的乘方　积的乘方

$a^m \cdot a^n = a^{m+n}$　　$(a^m)^n = a^{mn}$　　$a^m \cdot b^m = (ab)^m$

(m、n 都是正整数)　(m、n 都是正整数)　(m 是正整数)

图 4-1-1

(2)探究活动:下面有四个整式,从中任选两个构造乘法运算:a^2,a^3,$a^3 + ab$,$a + ab$。

①你能写出哪些算式?(只需列式,不要求计算)

②试着将你写出的算式分类,你认为整式乘法有哪几种类型?

(3)小组讨论单项式乘多项式和多项式乘多项式的步骤。

【设计意图】(1)通过"复习回顾"这一环节,理出"整式的运算"的思维导图,给本节课学习的"同底数幂的乘法"在图中安个"家",通过类比数的运算,引出本章学习内容。

(2)让学生整体感知整式乘法的类型,并体会到整式的乘法运算最后都是化归为幂的三种基本运算——$a^m b^n$,$(a^m)^n$和$(ab)^m$,从而引出今天的课题　同底数幂的乘法。

(二)自主探究

(1)运用乘方的意义填空。

①$2^5 \times 2^2 = ($　　　$) \times ($　　　　$) = \underline{\qquad} = 2^{(\quad)}$;

②$a^5 \times a^2 = ($　　　$) \times ($　　　　$) = \underline{\qquad} = a^{(\quad)}$;

③$5^m \times 5^n = ($　　　$) \times ($　　　　$) = \underline{\qquad} = 5^{(\quad)}$。

(2)观察以上运算过程,你能发现什么规律? 你能用一个式子来表示这个规律吗? 并尝试解释。

(3)回顾法则的探究过程,我们经历了怎样的过程?

(4)诵读法则并思考:运用法则的条件是什么?

【设计意图】了解法则的探究过程,在幂的意义的基础上,开展独立探索和交流对话,不但使学生体会到知识的形成过程,而且体会到从特殊到一般的归纳方法。然后剖析法则,突出法则应用的条件。

(三)合作提升

(1)【辨一辨】下列各式哪些是同底数幂的乘法?

①$7^8 \times 7^3$;　　②$(-2)^8 \times (-2)^2$;

③$2^8 \times 5^8$;　　④$a^3 + a^5$;

⑤$x \cdot x^5$;　　⑥$(a-b)^2 \cdot (a-b)^3$。

【设计意图】通过不同形式题目的辨析,探究"同底数幂的乘法"法则运用的条件,巩固"同底数幂的乘法"法则条件。

(2)【做一做】计算下列各式,结果用幂的形式表示。

①$7^8 \times 7^3$;　　②$(-2)^8 \times (-2)^2$;

③$x^2 \cdot x^5$;　　④$a \cdot a^6$。

【设计意图】设计上述问题的原则是由易到难,即底数由正数到负数,再由数字到字母,让学生熟练掌握法则,达到固化"同底数幂的乘法"法则的目的。

(3)【判一判】下面的计算对吗? 如果不对,怎样改正?

①$a^3 \cdot a^3 = 2a^3$;　　②$a^2 \cdot a^3 = a^6$;

③$x \cdot x^6 = x^6$;　　④$7^8 \times (-7)^3 = 7^{11}$。

【设计意图】设置4种典型错题让学生辨析,达到以错纠错的目的,帮助学生进一步理解和掌握法则,优化算法,体验转化思想。

(4)【练一练】计算下列各式,结果用幂的形式表示。

①$b^5 \cdot b$;　　②$a^2 \cdot a^6$;

③$y^{2n} \cdot y^{n+1}$;　　④$(a-b)^2 \cdot (a-b)^3$。

【设计意图】设计不同类型的题目,即底数由单项式到多项式,指数由数字到字母,让学生固化"同底数幂的乘法"法则,并能灵活运用。

(四)引导发展

计算下列各式,结果用幂的形式表示。

(1) $x \cdot x^5 \cdot x^3$；　　　　　　(2) $\left(-\dfrac{1}{2}\right) \times \left(-\dfrac{1}{2}\right)^2 \times \left(-\dfrac{1}{2}\right)^3$；

(3) $7^8 \times (-7)^3 \times (-7)^4$；　　　(4) $(a-b)^2 \cdot (b-a)^3$。

【设计意图】特别强化三项及以上的同底数幂相乘,及底数互为相反数的幂的乘法类型,帮助学生突破底数互为相反数的幂的乘法运算这一难点,优化底数为负数或多项式两种情形算法,进一步体会化归思想,提高思维能力。

（五）成效评价

1. 梳理小结,盘点收获

(1) 法则的内容是什么?

(2) 我们是怎么发现和归纳这个法则的?

(3) 在运用法则过程中要注意什么?

【设计意图】通过小结,让学生再一次强化本节课所学的知识要点。

2. 限时小测(课堂限时 3 分钟)

(1) ① $10^6 \times 10^4 = $ ＿＿＿＿＿,　　② $y^2 \cdot $ ＿＿＿＿＿ $= y^5$,

③ $m^x \cdot m^{2x+2} = $ ＿＿＿＿＿,　　④ $a \cdot a^5 + a^3 \cdot a^3 = $ ＿＿＿＿＿。

(2) 计算 $x^2 \cdot x^3$ 所得的结果是(　　)。

A. x^5　　　　　　　　　　B. $-x^5$

C. x^6　　　　　　　　　　D. $-x^6$

(3) 下列计算正确的是(　　)。

A. $b^2 \times b^2 = b^8$　　　　　　B. $x^2 + x^4 = x^6$

C. $a^3 \times a^3 = a^9$　　　　　　D. $a^8 a = a^9$

【设计意图】通过小测,能更好地了解学生的掌握情况,并为下节课的教学及课后有针对性辅导学生提供依据。

（六）课后反馈

1. 必做题(完成在科作业纸上)

(1) 计算:

① $x^2 \cdot x^5$,　　　　　　　　② $a \cdot a^6$,

③ $(-2) \times (-2)^4 \times (-2)^3$,　　④ $x^m \cdot x^{3m+1}$。

(2) 计算:

① $b^5 \cdot b$,　　　　　　　　② $-a^2 \cdot a^6$,

③ $y^{2n} \cdot y^{n+1}$。

(3)计算:$x \cdot x^3 + x^2 \cdot x^2$。

(4)光在真空中的传播速度大约是 3×10^8 m/s,太阳系以外距离地球最近的恒星是比邻星,它发出的光到达地球大约需要 4.22 年。一年以 3×10^7 秒计算,比邻星与地球的距离约为多少?

2. 选做题

(1)已知 $a^m = 2$,$a^n = 3$,求 a^{m+n} 的值。

(2)已知 $2^{x+2} = m$,用含 m 的代数式表示 2^x。

【设计意图】第 1 题是帮助学生巩固基础知识和基本技能及实际应用;第 2 题是为学有余力的同学设置的,主要是培养学生的逆向思维能力和综合运用能力。

3. 思考题

幂的乘方、积的乘方也是计算单项式乘单项式的基础,请同学们类比同底数幂乘法的研究路径和方法,自主探究单项式乘单项式的乘法法则。

【设计意图】通过本节课的学习,真正让部分学生用类比方法尝试着学习,使学生从"学会"到"会学"。

评述:本节课"从整体出发,逐渐分化",引导学生从宏观到微观,逐步寻找整式的乘法所需要的逻辑基础,将研究的问题具体化,进而构建整体研究思路,然后再按照知识的逻辑顺序逐步展开学习,关键是运用"先行组织者"策略。这种引导方式的立意更高,思想性更强,"数学味"更浓,引入更加自然且水到渠成,能使学生切实地感受到学习同底数幂的乘法的必要性,同时还能更好地落实"发现和提出问题能力、分析和解决问题能力"。这样的安排更加符合数学法则产生的本来面目,完美地体现了数学教学的整体观,因此课堂更大气,能给学生更多的智慧启迪,思维教学更加到位。这样的课既体现知识的系统性与发展性,又体现导学性,更体现了简约化数学教学的教学结构简约明晰的特点。

(二)学习方法为主的导学课

以学会学习知识的方法为主,通过旧知识的复习,类比、联想、猜想引出新知的学习,可设置在每一章或章中的某单元的第一节课,称之为章前方法导学课或节前方法导学课。案例 4-1-2 给出了一个典型的章前方法导学课的教学设计。

案例 4-1-2

"数的开方"的教学设计(人教版教材)

一、内容分析

(一)课标要求

(1)了解平方根、算术平方根、立方根的概念,会用根号表示数的平方根、算术平方根、立方根。

(2)了解乘方与开方互为逆运算,会用平方运算求百以内整数的平方根,会用立方运算求百以内整数(对应的负整数)的立方根,会用计算器求平方根和立方根。

(二)教材分析

(1)知识层面:学习平方根与立方根等知识,认识无理数的存在。

(2)能力层面:通过平方根知识、立方根知识的学习,掌握学习的方法,提升自学的能力。

(3)思想层面:类比思想的体现,类比平方根引入立方根的概念,给出开立方运算,研究立方与开立方运算的互逆关系;类比有理数,体会实数与数轴上的点的关系,引入实数的绝对值和相反数的概念,引入实数的运算律。

(三)学情分析

七年级下学期的学生已经具备了有理数及运算的相关知识基础,特别是对于乘方中的平方与立方的认识;但缺乏探究知识的方法与能力。

二、教学目标

(1)让学生学会模仿类比学习新知识,注重培养学生自学能力;

(2)让学生了解数学史,培养学习数学的兴趣;

(3)引导学生在自主思考下合作学习,培养学生的学习能力。

三、教学重难点

(1)重点:探究平方根与立方根的方法。

(2)难点:平方根与立方根的符号表达。

四、教学策略

三思策略(导思、疑思、启思),小组合作探究。

五、教学过程

(一)导思:已有的知识积淀,导思激趣

问题1　由全体学生齐读一首诗,说说这首诗的意义。

登鹳雀楼(王之涣)

白日依山尽,黄河入海流。

欲穷千里目,更上一层楼。

【设计意图】让学生在数学课上感受诗与
数学的关系。

问题2　有谁能说出画中人(如图 4-1-2)
是谁?

(展示学生作品——人物画像)

图 4-1-2

【设计意图】让学生了解数学史。

问题3　回忆之前学过的数有哪些,并进行分类。(板书)

问题4　从已经学习的数的运算,说出它们之间的关系? 乘方是否有
逆运算? 若有,叫什么名称呢?

【设计意图】让学生进行已有知识整理与回顾,也作为新课储备及索引
之用。

简析:一首诗让学生体会"欲穷千里目,更上一层楼"之意,而今天的这
节课就是在旧知之上的"更上一层楼"之作;一幅画更让学生沉入思考之
中,这是谁呢? 我都没见过,更激发学生求知欲;问题3中"数的分类"又让
学生的思考暂时回归平静,进入已有知识结构的再梳理与重建! 问题4中
"数的运算"间的关系又激起学生的"类比思考"与"相似思考",从而导出即
将学习的新知识。

(二)疑思:当下的知识探究,疑思探行

问题5　探究平方根(师生合作,黑板直接展示研究的五项内容)

(1)定义:如果 $x^2 = a$,那么 x 叫作 a 的平方根(二次方根);

(2)求法:依据平方与开平方互为逆运算的关系;

(3)符号:$\pm\sqrt[2]{a}$ 简写成(竖写)为 $\sqrt{a}$(算术平方根)与 $-\sqrt{a}$;

(4)化简:仅限被开数是简单的正整数;

(5)归纳性质:一个正数的平方根有两个,它们互为相反数;0的平方根
是0;负数没有平方根。

【设计意图】让学生研究平方根的5个内容,问题5中(1)(2)(3)是规

定的内容,对于(4)(5),在教师的引导下尝试进行简单问题的转化与性质的归纳。

简析:此问题 5 的(1)(2)(3)由教师直接进行规定说明,而(4)先由教师口头说,学生回答,如 4 的平方根;然后学生之间相互出题并进行归纳。此环节中会出现被开方数是正数、0、负数以及偶数、奇数等情况,如—1,—2,0,2,3,4,5,7,8,9,…,此时教师引导学生回归定义下的思考,并进行归纳总结:(1)被开方数的限定性;(2)被开方数的平方数特征与非平方数特征。由于是导学课,此类问题可允许学生只有"模糊"的认识,今后可进行详细的学习,并引导学生课后自学相关内容,继续自我探究。这样更体现了教师的主导与学生的主体地位。

问题 6　探究立方根(学生自我模仿探究,先独立思考后小组合作讨论)

(1)定义:如果 $x^3=a$,那么 x 叫作 a 的立方根(三次方根);

(2)求法:依据立方与开立方互为逆运算的关系;

(3)符号:$\sqrt[3]{a}$;

(4)化简:(暂不要求);

(5)归纳:(暂不要求)。

【设计意图】让学生模仿平方根的相关规定对立方根进行规定,学会"类比思考"。

简析:学生模仿问题 5 求问题 6 中(1)(2)(3)这三问,常常出现争议问题的是问题 6 中的(3)出现如平方根同样的符号"$\pm\sqrt[3]{a}$",此时引导学生进入疑思,如何说明它对与不对? 为什么? 通过这样"类比思考",先独立思考后小组合作讨论,最后教师视情况引导学生进行归纳总结,这样更突出学生的主体地位。

(三)启思:知识归纳延伸,启思解惑

问题 7　(1)上述问题中所列举的这类数,如 $\sqrt{2}$,$\sqrt{3}$,$\sqrt{8}$ 可叫作什么数呢? (板书)

(2)关于"$\sqrt{2}$"的故事听过没? 想听吗?

【设计意图】问题 7 中(1)让学生用猜想、对比的思想给陌生数下定义,(2)让学生了解更多的数学史知识。

简析:问题 7 中(1)能判断学生自学能力与猜想能力,并由此判断学生的学习能力;(2)让学生通过对"希帕索斯与 $\sqrt{2}$"故事的了解,培养学生阅读数学史的兴趣。

问题8 请大家给本节课命名一个你认为合适的名称?(先独立思考后小组讨论,最后小组展示)

【设计意图】让学生对本节课的内容进行整体梳理,并用概括性语言进行总结。

简析:先对学生的生成结果进行展示,并恰当地点评,老师也可恰当地给出自己的命名,如"数的开方""如诗如画如歌"[诗:登鹳雀楼;画:希帕索斯;歌:本节课的名称(学生命名的)]等,目的是培养学生整体理解与概括的能力。

问题9 类比上述的平方根、立方根的定义方式对 n 次方根进行定义,并探究它们的化简与运算。(课后思考题)

【设计意图】让学生明白知识可类比思考,并引导学生进行课后知识的再探究,以培养学生的学习力与思考力。

简析:设置这个问题的目的就是引导学生进行课外的自学与思考,这才是导学课最重要的意义。

(四)归纳小结

(1)本节课学到了什么新知识?

(2)本节课探究新知识的过程中应用了什么方法?

(五)板书设计

板书设计如图 4-1-3。

1.平方与开方的式子:
  $2^2=4$, $x^2=4$。
2.立方与开方的式子:
  $2^3=8$, $x^3=8$。

1.数的分类:有理数
              无理数
2.希帕索斯的画像:

1.一些课堂生成的内容:
  如 25 的平方根是_____;
  ......

1.平方根(二次):
  (1)定义:
  (2)求法:
  (3)符号:
  (4)化简:
  (5)归纳:
2.立方根(三次):
  (1)定义:
  (2)求法:
  (3)符号:
  (4)化简:(暂不要求)
  (5)归纳:(暂不要求)

图 4-1-3

评述:这节课用"联想、类比、猜想"的方法从旧知引出新知,形成整体的知识体系,更主要的是让学生感受从旧知引出新知的学习方法,从而找到知识的生长点,研究新知的生长点,让学生明白新知识的研究内容、研究方法、研究过程所涉及的思想方法。同时,这节课也体现了浓厚的数学文化味。整节课的教学过程结构简约清晰明了,而导学过程重在启发学生思考与学会学习。(总体教学框架,如图4-1-4)

这两种课的区分仅仅是形式上的,实际教学中是相互交集在一起的,知识导学课中渗透着学习知识的方法,同样,方法导学课中也一定伴随着具体知识的学习过程。

课题 "数的开方" 第1课时

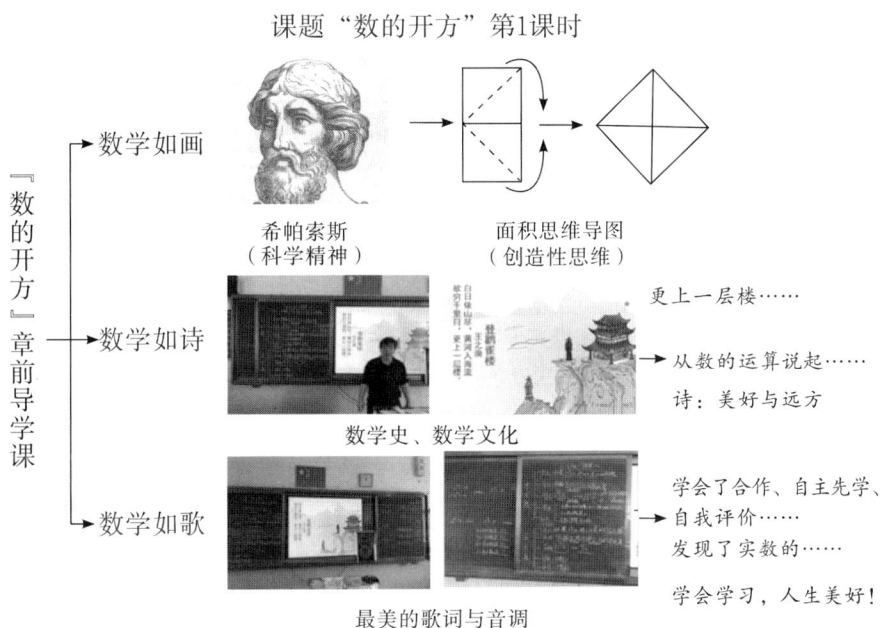

图 4-1-4

第二节　简约化数学概念课教学

概念是客观事物的本质在人脑中的反映,是前人在长期的生命实践活动中对大量材料进行辨析比较和概括提炼的基础上通过思维加工抽象命名而形成的。在过去,中小学的数学概念教学大多以形式上的逻辑演绎为主,通常按照以下几个步骤进行:第一步,以一个具体事例或情境揭示概念的本质属性,给出定义、名称和符号表达,并说明概念的外延;第二步,利用概念的定义进行辨析、比较、判断的识别练习;第三步,应用概念解决问题,及建立所学概念与其他概念之间的联系。其教学过程可概括表达为图 4-2-1 所示的流程。

从一个具体情境　　　　　　　　　　　　　　　　　　　　
中抽象出概念　━━━━━→　辨析记忆概念　━━━━━→　运用概念解决问题

图 4-2-1

　　这种教学过程简明快捷,可以使学生比较直接地以"短、平、快"的方式学习概念。所谓"短"就是节省课堂教学时间,所谓"平"就是四平八稳、没有意料之外干扰地讲清概念,所谓"快"就是让学生快速进入到与所学概念相关的习题操练,以便拥有更多练习时间,因而被称为是"学生获得概念的最基本方式"。但是,在这样的概念教学过程中存在以下几个方面的问题:一是教师替代了学生对概念本质属性的揭示,容易导致学生对概念形成过程缺乏参与体验,影响了学生对概念本质的清晰性认识;二是从一个具体情境或事例中揭示概念本质的方式使概念内涵比较狭窄单一,容易导致学生对概念内涵形成有偏差的认识,影响了学生对概念内涵的丰富性认识;三是教师替代了学生对概念表述的概括提炼和抽象表达,容易导致学生对概念表述形成形式表达,影响了学生对概念命名来龙去脉的解释性认识。归根结底,这种形式演绎的概念教学比较注重形式符号的操练,影响了学生对概念内涵本质的理解、内化和把握。

　　数学概念的特征是其表达的简约性和概括的抽象性。其简约性主要表现在,数学概念是前人在大量生命实践活动中通过不断地归纳、概括和抽象而形成的智慧结晶,经过高度提炼加工和形式化的符号表达变得十分简约。其抽象性主要表现在,数学概念的高度概括、形式化的表示方法、公理化的思想体系以及严密的逻辑推理等使数学概念变得高度抽象。正是由于这种简约和抽象的结果式的符号表达遮蔽了前人生命实践活动过程的真实复杂性和丰富生动性,导致许多学生面对这种高度抽象的结果性知识止步不前,带来的结果是概念教学育人的资源贫乏和价值窄化。

一、简约化数学概念教学宗旨

　　简约化数学概念教学宗旨:简约就是自然。

二、简约化数学概念教学流程

简约化数学概念教学流程为下定义—关键词辨析—简单应用—联系与综合。

简约化数学概念教学遵循一定之规,即注重遵循初中生的认知心理学习关于概念获得的相关理论,普遍注意以概念形成方式安排学习过程,完成"情境与问题—共性分析与归纳—本质特征的抽象、下定义—关键词辨析—简单应用—联系与综合"的过程,让学生在观察与实验、分析与综合、归纳与概括中经历概念的抽象过程,把数学抽象、直观想象、数学建模等核心素养渗透其中。

三、简约化数学概念教学的三个本质要求

(一)感悟概念

数学概念在思维中的产物是以代表的方式出现,所以所举的样例要丰富有趣,有一定的数量,有正例与反例;能揭示概念的本质属性,无关属性要变;概念要多样表征。

(二)推敲概念

揭示新学概念与已有概念之间的联系;用数学语言描述概念。

(三)建构及应用概念

知识结构是概念的固着点,认知结构不仅能增加概念的清晰性与稳定性,还有利于检索和提取。运用概念是通向深化理解概念的途径之一,因此也是概念教学的组成部分。

四、简约化数学概念课教学的五个策略

(一)针对性策略

由于初中学生只具有初步的抽象概括水平,在引入数学概念时,可以

通过一些具体的数学操作活动,如动手操作、观察猜想、计算推理等,让学生亲自体验、直观感受概念的形成背景,为数学概念的抽象概括提供感性基础。教师在此阶段可以有针对性地创设问题情境,提出一些需要解决的问题,让学生通过操作、思考、讨论等活动来启动思维。

例 4-2-1 创设问题情境,合理引入分式概念

问题 1 若长方形的面积为 10 cm²,长为 5 cm,则宽为_____ cm。

(1)若长方形的面积为 S cm²,长为 5 cm,则宽为_____ cm;

(2)若长方形的面积为 S cm²,长为 a cm,则宽为_____ cm;

(3)若长方形的面积为(S+2)cm²,长为 a cm,则宽为_____ cm。

问题 2 把体积为 200 cm³ 的水倒入底面积为 33 cm² 的圆柱形容器中,则水面高度为_____cm。

(1)把体积为 200 m³ 的水倒入底面积为 S cm² 的圆柱形容器中,则水面高度为_____ cm;

(2)把体积为 V cm³ 的水倒入底面积为 S cm² 的圆柱形容器中,则水面高度为_____ cm;

(3)把体积为 V cm³ 的水倒入底面积为(S+2)cm² 的圆柱形容器中,则水面高度为_____ cm。

思考:以上结果中的代数式都是整式吗? 不是整式的代数式,它们在形式上有什么共同点? 它们与分数有什么相同点与不同点?

评析:引入分式的概念有多种方式,以上教学采用了概念形成的方式,让学生通过计算列出代数式解决问题,激活学生原有知识,体现了知识的自然生成过程。问题的设置由特殊到一般,层层深入,符合学生的认知规律。问题中的代数式包含了数字(整数与分数)、整式(单项式与多项式)、分式(分式的分子与分母都包含了单项式和多项式),使学生既能在实际问题中复习整式的概念,又能在比较中发现与整式不同的一类新的代数式。分式概念是整式概念的扩充,分式只是在形式和名称上具有与分数类似的结构特征与性质,但分数并不是分式的特例,而是属于整式。分母中含有字母才是区分整式(包括分数)与分式的本质特征。

(二)多变性策略

用"抽象符号"和"图形直观"来描述数学概念是数学表达的两种独特

方式,抽象符号把数学概念形式化、简约化;图形直观又把数学概念形象化、具体化。用文字语言、图形语言、符号语言等三种语言来描述数学概念有助于学生对数学概念的多角度理解。

例 4-2-2　(1)运用三种语言,多元表征"线段中点"的概念(如表 4-2-1)。

表 4-2-1　"线段中点"的概念

线段中点的概念	线段中点的图形	线段中点的符号语言
把一条线段分成相等两条线段的点,叫作这条线段的中点	点 M 是线段 AB 的中点	(1) $AM = BM$; (2) $AM = \frac{1}{2}AB, BM = \frac{1}{2}AB$; (3) $AB = 2AM, AB = 2BM$

(2)运用三种语言,多元表征"角平分线"的概念(如表 4-2-2)

表 4-2-2　"角平分线"的概念

角平分线的概念	角平分线的图形	角平分线的符号语言
把一个角分成相等的两个角的射线,叫作这角的平分线	OB 是 $\angle AOC$ 的平分线	(1) $\angle AOB = \angle BOC$; (2) $\angle AOB = \frac{1}{2}\angle AOC$, 　　 $\angle BOC = \frac{1}{2}\angle AOC$; (3) $\angle AOC = 2\angle AOB$, 　　 $\angle AOC = 2\angle BOC$

评析:上述案例用三种语言从多个角度对"线段中点""角平分线"进行描述,揭示了"线段中点""角平分线"概念的内在联系,有助于深化学生对"线段中点""角平分线"概念的理解与认识。

(三)对比性策略

实践表明,概念的本质特征越明显,学习越容易;概念的非本质特征越明显,学习越困难。为了突出概念的本质特征,减少学习困难,教师可以进行类比,让学生进行辨析,促进学生对概念的本质特征的辨别,防止或矫正学生对概念的泛化或窄化,类比与对比相关的概念,形成对概念的本质属性的理解。

例 4-2-3 "线段、射线、直线"的概念。

教学环节:画一画、议一议

(1)动手画一画:学生动手在草稿纸上尝试画线段、射线和直线(学生开始动手画,在学生动手画的时候,老师来回巡视,并请学生上台板演,交流画法)。

(2)线段、射线、直线的特征、表示方法及联系和区别(如表 4-2-3)。

表 4-2-3　线段、射线、直线的关系

名称	图形	表示方法	延伸方向	端点个数	能否度量
线段	$\underset{A}{\bullet}\xrightarrow{\quad a\quad}\underset{B}{\bullet}$	线段 AB(线段 a)	不能延伸	2 个	能
射线	$\underset{A}{\bullet}\xrightarrow{\quad a\quad}\underset{B}{}$	射线 AB	向一方无限延伸	1 个	不能
直线	$\underset{A}{}\xrightarrow{\quad a\quad}\underset{B}{}$	直线 AB(直线 BA 或直线 a)	向两方无限延伸	无	不能

评析:经过讲解,师生共同交流,目的在于让学生从数学的角度了解线段、射线、直线的概念,掌握线段、射线、直线的规范性表示方法,并加深对线段、射线、直线的本质性的理解。作为平面几何的第一节课,介绍线段、射线、直线的概念和它们的表示方法对学生而言尤为基础。同样的两个字母 A,B,当在前面加上不同的词汇时,它的意义就发生了变化,如线段 AB、射线 AB、直线 AB,借助具体的图形,学生可以获得更直观的理解。

对于概念的理解,还可适当适时地举反例进行辨析,促进学生理解概念,概念的反例提供了最有利于辨别的信息,对深化概念认识有重要作用。反例的适当使用不但能使学生更精确地理解概念,建立概念的联系,而且能排除无关特征的干扰,预防或澄清概念理解中的偏差。如判断命题"如果 $|a|=|b|$,则 $a=b$"对与错。反例"若 $a=2,b=-2$,则 $|2|=|-2|$,但

$2\neq-2$，即 $a\neq b$"，通过举反例判断命题是错误的；又如，在学习函数概念时，学生往往只注意函数的表达式而忽视自变量的取值范围，这表明学生在理解概念时割裂了函数概念本质特征的诸方面，这时可举反例" $y=x$ 与 $y=\dfrac{x^2}{x}$ 是同一个函数吗？"我们认为，这些问题不只是学生粗心，更主要的是学生没有注意指向概念本质特征诸方面的关系，没有把这种关系当成关键特征来认识。举反例可以增强学生对这种关系重要性的认识。应该注意的是，"反例"的运用是有时机的。一般来说，不能在学生刚刚接触概念时就运用反例，否则将有可能使错误概念先入为主，使概念的无关特征得到不必要的强化，从而干扰对概念的理解。在学生对概念已相对固化，即有一定理解的基础上，使用反例效果更好。

综上所述，教师为学生提供的具体例证太少或太多都会对概念学习产生不利影响，这是举正例时应注意的。另一方面，仅从正面举例还不足以使学生真正理解概念，还必须引导学生从侧面和反面来理解概念。所谓"从侧面理解概念"就是利用"变式"来理解概念，用等值语言来叙述和理解概念；而"从反面理解概念"主要是"举反例"，就是把概念所包含的某一个或几个关键属性抽去，看看会出现什么情况。

值得注意的是，上面几个方面有内在联系，其中以"变式"为核心。反例就是一种"非概念变式"。而具体事例数量是否合适且有典型性，其标准是这些事例是否能全面反映概念的各个方面，是否包含了必需的概念变式和非概念变式。另外，过程性变式与教学设计密切相关，反映了学生从具体到抽象所经历的概括概念本质特征的基本阶段，有较好的数学教学指导意义。

（四）系统性策略

概念学习的最终结果是形成一个概念系统，学生要理解一个数学概念，就必须围绕这个概念逐步构建一个概念网络，网络的结点越多、通道越丰富，概念理解就越深刻。据统计，初中教材约涉及 300 多个数学概念，理解并掌握这些数学概念，形成概念图是学好初中数学的关键。

例 4-2-4　平行四边形一章的概念图(如图 4-2-2,图 4-2-3):

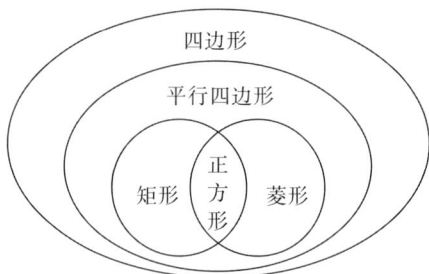

图 4-2-2

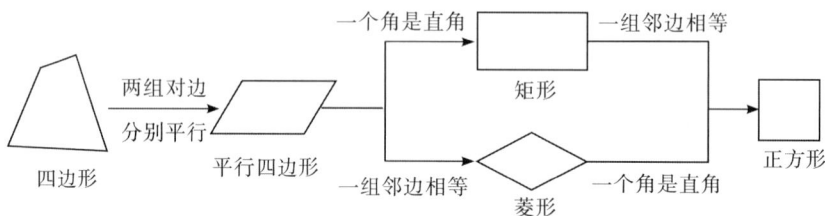

图 4-2-3

评析:在学习正方形的概念时,可以让学生回顾四边形的有关概念,画出平行四边形一章的概念图:以集合图示的方式表示平行四边形一章所学概念之间的从属关系;以思维导图的方式画出平行四边形与各种特殊平行四边形之间的内在关系。由此可以清楚地看到学习这些概念采用了从一般到特殊的研究方法,有助于形成概念系统。

(五)应用性策略

数学概念的应用训练应是多方面的、全方位的。它包括形象应用、抽象应用和综合应用,其中形象应用又包括正向形象应用和逆向形象应用,抽象应用又包括正向抽象应用和逆向抽象应用。

例 4-2-5　学习合并同类项,可以配备如下一组练习。

(1)已知 $x^m y^2$ 与 $-3x^3 y^n$ 是同类项,则 $m=$ _____ , $n=$ _____ 。

(2)下列各题的结果是否正确? 指出错误的地方。

①$16y^2-7y^2=9($　　$)$;　　　②$7x-5x=2x^2($　　　$)$;

③$3x+3y=6xy($　　$)$；　　④$19a^2b-9b^2a=10($　　$)$。

(3)合并同类项。

①$3a+2b-5a-b$；　　②$3a^2b+2ab^2-ab^2-5a^2b$；

③$3-4ab-b^2+5$；　　④$3b-3a^3+1+a^3-2b$；

⑤$2y+6y+2xy-5$。

(4)思考题："当 $a=13.58,b=9.07$ 时，求多项式 $7a^3-6a3b+3a^2b+3a^3+6a^3b-3a^2b-10a^3$ 的值。"有同学指出：题目中"$a=13.58,b=9.07$"是多余的。你认为这种说法有道理吗？

评析：上述所举的题目是概念基础性的应用，是为了固化这些概念，让学生能达到课标的最低要求而设置的应用性练习。

提供变式练习，促进概念运用，这是在应用的基础上提高了一个层次。变式是指概念例证在非本质特征方面的变化，分为概念性变式与过程性变式两类。在概念教学中使用概念性变式可以帮助学生获得概念的多角度理解，使用过程性变式可以帮助学生获得概念的形成过程，帮助学生积累解决问题的活动经验。

例 4-2-6　分式概念的变式练习

1. 同类之间的变式

(1)当 x _____时，分式 $\dfrac{x-2}{x+3}$ 的值为 0；

(2)当 x _____时，分式 $\dfrac{|x|-2}{x+3}$ 的值为 0；

(3)当 x _____时，分式 $\dfrac{|x|-3}{x+3}$ 的值为 0；

(4)当 x _____时，分式 $\dfrac{|x|-3}{x-3}$ 的值为 0；

(5)当 x _____时，分式 $\dfrac{x-2}{x+3}$ 的值大于 0；

(6)当 x _____时，分式 $\dfrac{x-2}{x+3}$ 的值小于 0。

2. 类比变式

(1)当 x _____时，分式 $\dfrac{x^2-1}{x+1}$ 的值为 0；

(2)当 x _____ 时,分式 $\dfrac{x^2+1}{x-1}$ 的值大于 0;

(3)当 x _____ 时,分式 $\dfrac{x^2+1}{x-1}$ 的值小于 0。

评析:上述的变式练习是通过分子与分母的不断变化,由简单到复杂,由同类到异类,由明显到隐含,让学生认识到分式的值为 0 的成立条件,转化为分子的值为 0 且分母的值不为 0 的条件。而分式的值大于 0 或小于 0 的成立条件,转化成分子的值、分母的值大于或小于 0 所组成的不等式(组)的分类讨论。

提供分层练习,促进概念的正迁移。很多数学概念都具有两重性,既表现为一种过程操作,又表现为一种对象结构。分层练习是促进学生从工具性理解走向关系性理解,从内化理解走向外化运用的有效方式。学生对数学概念的理解和运用通常不是一步到位的,要有计划、有步骤地引导学生运用数学概念分析问题与解决问题,逐步提高数学概念的迁移应用能力。

例 4-2-7 方差概念的分层练习

1. 工具性理解的练习

题 1 计算数据 6,6,6,6,6 的方差是 _____。

题 2 若甲组数据 1,2,3,4,5 的方差是 $S_甲^2$,乙组数据 6,7,8,9,10 的方差是 $S_乙^2$,则 $S_甲^2$ _____ $S_乙^2$。(填">"、"<"或"=")

题 3 小丽计算数据方差时,使用公式

$$S^2=\dfrac{1}{5}\left[(5-\overline{x})^2+(8-\overline{x})^2+(13-\overline{x})^2+(14-\overline{x})^2+(15-\overline{x})^2\right],$$

则公式中 $\overline{x}=$ _____。

题 4 若一组数据 87,94,91,x,94,91 的平均数是 91,则这组数据的方差是 _____。

2. 关系性理解的练习

题 1 现有甲、乙两支球队,每支球队队员身高的平均数为 1.85 米,方差分别为 $S_甲^2=0.32$,$S_乙^2=0.26$,则身高较整齐的球队是 _____ 队。

题2 图4-2-4是甲、乙两地5月下旬的日平均气温统计图,则甲、乙两地这10天日平均气温的方差大小关系为:$S_甲^2$____ ____$S_乙^2$。

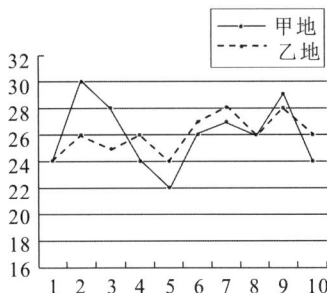

图 4-2-4

3. 综合性应用的练习

题1 若数据 $x_1,x_2,\cdots,x_n$ 的众数为 a,方差为 b,则数据 $x_1+2,x_2+2,\cdots,x_n+2$ 的众数、方差分别是(   )。

A.a,b B.a,$b+2$

C.$a+2$,b D.$a+2$,$b+2$

题2 一组数据:2,3,3,4,若添加一个数据3,则发生变化的统计量是(   )。

A.平均数   B.中位数

C.众数   D.方差

题3 在某旅游景区上山的一条小路上,有一些台阶,如图4-2-5是其中的甲、乙两段台阶的示意图。请你用所学过的有关统计的知识(平均数、中位数、方差和极差)回答下列问题:

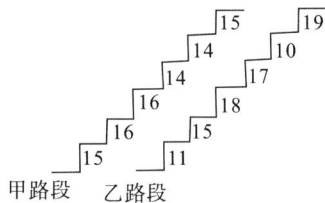

图 4-2-5

(1)两段台阶有哪些相同点和不同点?

(2)哪段台阶走起来更舒服?为什么?

(3)为方便游客行走,需要重新整修上山的小路。对于这两段台阶路,在台阶数不变的情况下,请你提出合理的整修建议。

(注:图中的数字表示每一级台阶的高度(单位:cm)。并且数据15,16,16,14,14,15的方差 $S_甲^2=\dfrac{2}{3}$,数据 11,15,18,17,10,19 的方差 $S_乙^2=\dfrac{35}{3}$。)

评析:方差概念工具性理解的练习主要是方差公式的应用;方差概念关系性理解的练习主要是方差的性质:数据的波动程度与方差大小的关系(即数据的波动越大,方差越大;数据的波动越小,方差越小);方差概念综合性应用的练习主要是平均数、中位数、众数与方差的综合实际应用:平均数、中位数、众数是刻画数据的集中趋势的统计量,而方差是刻画数据波动大小的统计量。

数学概念是数学研究对象的高度抽象和概括,反映了数学对象的本质属性,是数学基本技能的形成与提高的必要条件。在初中数学概念教学中,教师要讲究教学方法,注重概念的形成过程,多激发学生的主动性与创造性。

第三节　简约化数学练习课教学

在数学课堂教学中,练习课具有加强学生解题训练技巧的强大功效。练习课是对数学基本知识的巩固运用,更具有提炼和总结数学思想方法的功能,其教学越高效,学生的解题水平越高。因此,通过数学练习课的教学,不仅可以帮助学生巩固所学的数学知识,感悟渗透其中的数学思想方法,还可以帮助学生提升对相关数学知识、方法和技能的认识与熟练程度,形成综合判断和灵活选择的意识与能力,更为重要的是,还可以帮助学生提升整体把握问题的数学思维品质,形成灵活运用方法解决实际问题的能力。

在数学教师看来,练习课的大量操练是帮助学生巩固所学知识、取得考试成绩提高的制胜法宝。因此,部分数学教师在练习课教学中常常有以下问题存在:

(1)重课堂练习的数量,轻习题精选的质量,练习不够简练。有的教师总是担心学生练少了,多做些习题自然不会错,导致数学练习课"习题开会"的现象十分普遍,忽视通过精选习题明确练习目的来提升课堂练习的品质。

(2)重习题答案的呈现,轻解题方法的提炼。有的教师十分倚重小组讨论的方式,看似改变了课堂教学方式,但其实质是通过小组讨论实现了学生之间"对对答案、抄抄答案、凑凑答案"的目的,导致组长的发展替代了组员的发展,标准答案的呈现替代了解题方法的揭示,忽视了通过题组设计提炼方法的方式来形成学生对问题解决方法的认识与把握。

(3)重解题过程的一一解答,轻习题分配的主次详略。有的教师不管习题难易差异,一概平均使用力气,有的教师甚至把主要时间花在了简单问题上,忽视通过有主有次、有详有略的教学方式来打造高效的练习课堂,直接导致了练习课的低效现象。归根结底,由于教师缺乏对数学练习课的价值的认识,容易使教师和学生盲目地为练而练,使练习课成了练习和测试成绩提高的服务工具。

一、简约化数学练习课的教学原则

(一)详略性原则

一节课的时间有限,教师要改变所有习题都让学生从头至尾做到底的状况,改变所有习题平均使用力气的状况,就要加强练习设计的针对性,不同习题练习目的要有所侧重,形成有主、有次、有详、有略的教学格局。比如,根据《义务教育数学课标标准(2011 年版)》对几何说理(推理)的要求,七年级要对学生进行推理证明书写过程的训练,那么七年级的练习课中就要安排学生详写推理过程的练习,而八年级的几何证明题就可侧重证明路径的形成和相互交流。

(二)递进性原则

在进行练习课教学设计时,教师要改变将大量习题进行简单堆砌的平面化现象,注意通过练习环节的台阶搭建,环环相扣、层层递进,确保练习课教学量减质增、省时高效。这种阶梯设计可以从数的形式到字母形式的认识逐步抽象的阶梯递进,从直接解题到间接转化解题的问题逐步复杂的阶梯递进,也可以从方法选择到灵活运用的能力逐步提升的阶梯递进,还可以从问题解决到思想方法形成的阶梯递进。

(三)变式性原则

练习课所选择的题目要少而精,所选的题目应当可变,具有一题多变的(即一题多解、一题多问、一题多思等)特点。变式是由一道题进行发散,从低起点入手,借助变式,贯彻知识体系,训练学生的解题能力,培养学生的数学思维,提高学生的探究能力,以达到"学一题,懂一类,通一堆"的教学效果,不断拓展延伸学生的解题视野,实现相似知识的娴熟运用。

二、简约化数学练习课的教学策略

简约化数学练习课中最重要的是练习的设计及讲解,而主要教学策略是以少胜多;化繁为简;去枝存干;串珠成链。

(一)以少胜多

数学练习课上设计的练习不能太多,应该是少而精,这样才能以少胜多,如"一元一次方程"单元练习课设计的一道练习题:

例 4-3-1　判断下列式子是不是方程,并说明理由。

①$3+4x=7x$；　　②$2x-3$；　　③$2x^2+x-1=0$；

④$y>-2$；　　⑤$2x+2=3-y$；　　⑥$\frac{1}{2}x+1=0$。

这其中的每一个小题目都代表一个类型的题目,练习设计体现了"以少胜多"的策略。

(二)化繁为简

"删繁就简三秋树,领异标新二月花。"练习设计的化繁为简,特别是一题多解的题目,不是为了多解而多解,而是多解中的优解选择(即通性通法),这才是最重要的,因此练习课的讲解要注重"化繁为简"的策略。如"反比例函数"单节练习课设计的一道练习题:

例 4-3-2　如图 4-3-1,Rt△ABC 的直角边 BC 在 x 轴负半轴上,斜边 AC 上的中线 BD 的反向延长线交 y 轴负半轴于点 E,反比例函数 $y=-\frac{2}{x}$ ($x<0$)的图像过点 A,则△BEC 的面积是＿＿＿＿＿。

解法 1:设 $A(-1,2)$,点 $C(-2,0)$,则点 $B(-1,0)$,且 $BC=1$,点 $D(-1.5,1)$(中点坐标)。

直线 BE 的解析式为 $y=-2x-2$,则点 $E(0,-2)$,$OE=2$,

$\therefore S_{\triangle BEC}=\frac{1}{2}BC\cdot OE=1$。

解法 2:设 $A\left(n,-\dfrac{2}{n}\right)(n<0)$,则点 $B(n,0)$,

再设 $C(m,0)$,且 $m<n$,$BC=n-m$。

根据中点坐标,点 $\left(D\dfrac{m+n}{2},-\dfrac{1}{n}\right)$。

设直线 BD 的解析式为 $y=kx+b$,把点

$B(n,0)$ 与 $D\left(\dfrac{m+n}{2},-\dfrac{1}{n}\right)$ 代入 $y=kx+b$ 求

得 $k=\dfrac{2}{n(n-m)}$,$b=\dfrac{2}{m-n}$,所以直线 BE 的解

析式是 $y=\dfrac{2}{n(n-m)}x+\dfrac{2}{m-n}$,$OE=\dfrac{2}{n-m}$。

$$S_{\triangle BEC}=\dfrac{1}{2}(n-m)\dfrac{2}{n-m}=1。$$

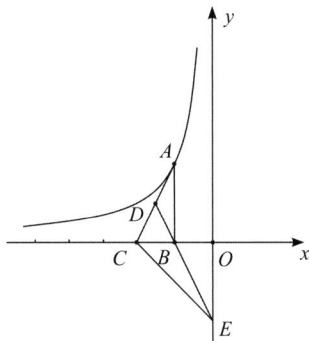

图 4-3-1

解法 3:如图 4-3-1,$\because BD$ 是斜边 AC 上的中线,

则 $BD=CD=AD$,

$\therefore \angle DCB=\angle DBC=\angle OBE$,且 $\angle ABC$ $=\angle BOE=90°$,

$\therefore \triangle ABC \backsim \triangle EOB$,

$\therefore \dfrac{AB}{OE}=\dfrac{BC}{OB}$,则 $AB \cdot OB=OE \cdot BC$。

而 $\because S_{\triangle BEC}=\dfrac{1}{2}BC \cdot OE=\dfrac{1}{2}AB \cdot OB$ $=1$。

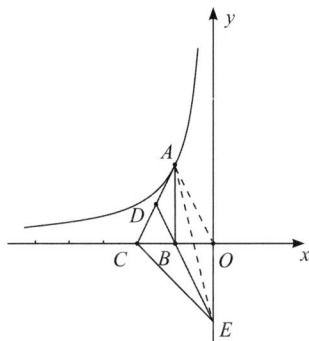

图 4-3-2

解法 4:如图 4-3-2,连接 AE,AO。BD 是 $\triangle ABC$ 的中线,

则 $S_{\triangle ADB}=S_{\triangle CDB}$,$S_{\triangle ADE}=S_{\triangle CDE}$(等底同高);

因此 $S_{\triangle ABE}=S_{\triangle CBE}$,$S_{\triangle ABO}=S_{\triangle ABE}$(同底等高,因为平行线间的距离相等)。

$S_{\triangle ABO}=\dfrac{1}{2}AB \cdot OB=1$,所以 $S_{\triangle CBE}=1$。

上述四种方法中,从初中学生的认知角度来看,应该强化几何方法,不要涉及代数的解法(解法 2),因为代数法(解析化)是高中的重要解法,因

此,此题的多解应该删除第 2 种解法,简约化的练习题解法分析应该要"化繁为简"。

(三)去枝存干

数学练习课上练习题的分析要根据学生情况,进行"去枝存干"的阅读分析,让学生注意力更集中,务求实效。如初三总复习"阅读理解"的练习课:

例 4-3-3 某种机器使用期为三年,买方在购进机器时,可以给各台机器分别一次性额外购买若干次维修服务,每次维修服务费为 2000 元。每台机器在使用期间,如果维修次数未超过购机时购买的维修服务次数,每次实际维修时还需向维修人员支付工时费 500 元;如果维修次数超过购机时购买的维修服务次数,超出部分每次维修时需支付维修服务费 5000 元,但无须支付工时费。某公司计划购买 1 台该种机器,为决策在购买机器时应同时一次性额外购买几次维修服务,搜集并整理了 100 台这种机器在三年使用期内的维修次数。整理得下表 4-3-1。

表 4-3-1 维修次数与频数对应表

维修次数	8	9	10	11	12
频率/台数	10	20	30	30	10

(1)以这 100 台机器为样本,估计"1 台机器在三年使用期内维修次数不大于 10"的概率;

(2)试以这 100 台机器维修费用的平均数作为决策依据,说明购买 1 台该机器的同时应一次性额外购 10 次还是 11 次维修服务?

设计这样的练习题可以培养学生的阅读理解与分析能力。在阅读分析题目时,一定要教会学生在阅读时"去枝存干",如突出此题的关键词"一次性额外购、未超过、超出部分、维修服务费、工时费",关键数字的理解"三年、2000,500,5000",还有就是表格的阅读。

对于问题 2 的理解有困难的学生,可设计阶梯式的问题:

若选择购买维修次数 10 次,请填写表 4-3-2。

表 4-3-2　机器维修费用表

某台机器使用期内维修次数	8	9	10	11	12
该台机器维修费用/元					

此时这 100 台机器维修的平均费用是_____元。

若选择购买维修次数 11 次,请填写表 4-3-3。

表 4-3-3　机器维修费用表

某台机器使用期内维修次数	8	9	10	11	12
该台机器维修费用/元					

此时这 100 台机器维修的平均费用是_____元。

对上述练习题进行的"去枝存干"的剖析与阶段问题的设置,就是简约化的练习题讲解分析所提倡的。

(四)串珠成链

数学练习课所选的练习题除了要巩固一节课所要复习的重点内容外,还要有一种整体建构的眼光,也就是要能帮助学生将知识的一般性和特殊性、初级形态和高级形态有机地整合,以形成稳定的认知结构。如"正方形"单元练习课设计的一道练习题:

例 4-3-4　(人教版八年级下册 P34 第 6 题)如图 4-3-3,在正方形 $ABCD$ 中,E 是 BC 的中点,F 是 CD 上一点,且 $CF=\frac{1}{4}CD$。求证:$\angle AEF=90°$。

变式 1　如图 4-3-3,在正方形 $ABCD$ 中,E 是 BC 的中点,F 是 CD 上一点,且 $\angle AEF=90°$。求证:$CF=\frac{1}{4}CD$。

变式 2　如图 4-3-3,在正方形 $ABCD$ 中,E 是 BC 上的点,F 是 CD 上一点,且 $CF=\frac{1}{4}CD$,$\angle AEF=90°$。求证:E 是 BC 的中点。

变式 3　上面的题目中,还能求什么问题?请至少写出不同类的两个问题。

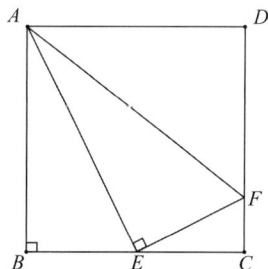

图 4-3-3

上述问题串的设计,证明中要应用正方形的相关性质,若是多解还需更多的其他几何知识。变式 1 与变式 2 是题目中的条件与结论的对调,在知识的应用与证明方法上没有太多的变化,只是题型结构发生了变化,呈现了题型之间的递进关系;而变式 3 问题呈现开放性。这些题目的设计拾级而上,串联成线。在这里,变化的是灵活的思维,不变的是题目的整体结构,变与不变得到统一。这样的练习题设计更是体现了简约化教学的整体性。

总之,简约化的数学练习课,不仅要求教师在设计练习时要根据上述的四个策略,还要求在练习课授课时能给学生留出更多的时间和空间,让学生有更多的自由支配时间,跳出文本与教师设置的知识藩篱,开拓更广阔的思维空间,从而让数学教学在简约中走向深刻。由多而少,由繁而简,不仅仅是教学技术,更是教学的智慧。

三、简约化数学练习课的类型

简约化教学十分强调练习课教学的简约与高效。根据练习任务与内容的区别,及数学教学的过程结构,简约化的数学练习课型主要有以下两种:一种是单节练习课;另一种是单元练习课。

(一)单节练习课

所谓单节练习课是指在一个知识内容或一大节内容(或一小块知识点)学习完之后,围绕这个所学知识内容进行的相对简单的练习巩固课。单节练习课的过程结构主要由以下几个教学环节组成:一是通过题组练习对问题解决方法形成整体认识,并在练习中强调解题格式要求;二是结合具体问题情境,根据整体做出快速判断选择(可限时练习),使学生提升条件与方法之间匹配的敏感度,形成比较区别与沟通联系的认识;三是综合运用方法解决实际问题,这里的练习设计要综合利用方法解决问题,但难度不宜太大,以避免打击学生学习数学的积极性和自信心。其过程可概括表达为以下教学流程:整体感知方法—快速判断选择—比较与沟通—综合运用方法。

根据单节练习课教学过程的展开逻辑,教师要注意以下几条基本原则:

1. 整体性原则

教师一定要注意单节练习不单一,要通过题组练习的精心设计,注意引导学生在题组练习的基础上归纳一般方法和提炼数学思想,帮助学生形成问题解决方法或原则的整体认识。

2. 选择性原则

教师不仅要结合各种变式,设计依据整体认识做出综合判断与灵活选择的习题,还要注意习题练习过程的有主有次和有详有略,如有的习题要写详细解答过程,有的习题则无须详解,仅仅选择方法进行快速判断,帮助学生对问题解决条件与方法选择之内在关联形成敏感。

3. 实用性原则

在学生对问题解决方法形成整体认识和选择的基础上,教师还要注意设计联系现实生活的真实问题,增强学生灵活运用所学知识解决实际问题的能力。

案例 4-3-1 给出了一个简约化数学单节练习课的教学设计。

案例 4-3-1

"全等三角形的判定"的教学设计(单节练习课)

一、内容分析

(一)课标要求

(1)理解全等三角形的概念,能识别全等三角形中的对应边、对应角;

(2)掌握基本事实:两边及其夹角分别相等的两个三角形全等,两角及其夹边分别相等的两个三角形全等,三边分别相等的两个三角形全等;

(3)证明定理:两角及其中一组等角的对边分别相等的两个三角形全等;

(4)探索并掌握判定直角三角形全等的"斜边、直角边"定理。

(二)教材分析

(1)知识层面:巩固三角形全等的判定方法(SSS,SAS,ASA,AAS 及 HL);

(2)能力层面:通过寻找三角形全等条件培养学生分析问题与解决问题的能力,正确用数学符号语言书写判断推理过程,培养学生的逻辑推理能力;

(3)思想层面:通过全等模型图形的分析、识别,培养学生直观想象与逻辑推理等核心素养。

(三)学情分析

八年级学生已经具备了一些基本几何知识,如平行线性质与判定,三角形的基本性质,两个三角形全等的判定,但是综合应用知识的能力与图形识别能力还是不够的。

二、教学目标

(1)会用图示符号标注已知条件和隐含条件;

(2)会用数学符号语言正确书写判断推理过程;

(3)能选择恰当的方法判断两个三角形全等。

三、教学重难点

(1)重点:三角形全等条件的寻找及全等三角形判定方法的应用。

(2)难点:三角形全等图形的识别与建立。

四、教学策略

小组合作探究,问题教学法。

五、教学过程

(一)快速判断

问题1 填空题

(1)如图 4-3-4,已知△ABC≌△ADE,请写出图中相等的一对边____
____,一对角_____。

(2)如图 4-3-5,$\because \begin{cases} AB = AC, \\ \angle BAC = \angle CAB, \quad \therefore \underline{\hspace{4cm}} \\ AD = AE, \end{cases}$

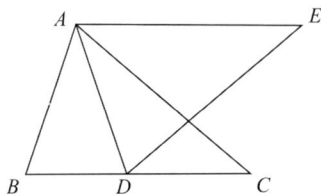

图 4-3-4

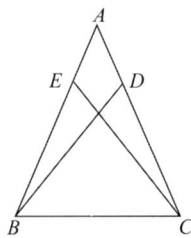

图 4-3-5

问题2 选择题

(1)在△ABC 和△$A_1B_1C_1$中,由 $AB = A_1B_1$,$BC = B_1C_1$,$AC = A_1C_1$,得出△ABC≌△$A_1B_1C_1$的根据是(　　)。

A.SSS　　　　　　B.SAS　　　　　　C.AAS　　　　　　D.HL

(2)如图 4-3-6,已知△ABC 的三条边长和三个角的度数,则下面甲、乙、丙三个三角形中和△ABC 全等的是(　　)。

　　A.甲和乙　　　　B.乙和丙　　　　C.只有乙　　　　D.只有丙

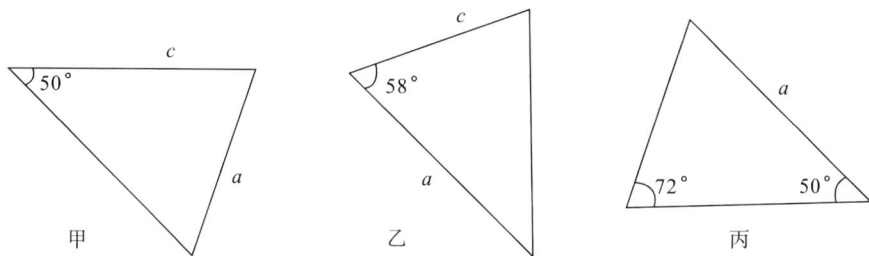

图 4-3-6

(3)下列条件能判断两个三角形全等的是(　　)。

①两角及其夹边对应相等　　　　②两边及其夹角对应相等

③两边及一边所对的角对应相等　④两角及一角所对的边对应相等

A.①③　　　　　B.②④　　　　　C.①②④　　　　D.②③④

(4)要测量河两岸相对的两点 A,B 的距离,先在 AB 的垂线 BF 上取两点 C,D,使 $CD=BC$,再定出 BF 的垂线 DE,使 A,C,E 在一条直线上,可以证明△EDC≌△ABC,得到 $ED=AB$,因此测得 ED 的长就是 AB 的长(如图 4-3-7)。判定△EDC≌△ABC 的理由是(　　)。

A.边角边　　　　B.边边边

C.角边角　　　　D.斜边直角边

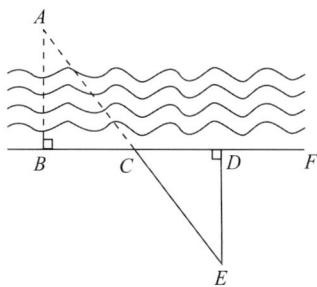

图 4-3-7

【设计意图】让学生识别三角形全等对应元素及快速判断三角形全等的基本条件与基本方法。

(二)基本证明

问题 3　用最简便的判定方法找出全等三角形,直接用图示符号标注在图上,不要写证明过程。

(1)如图 4-3-8,C 是 AB 的中点,$AD=CE$,$CD=BE$。

(2)如图 4-3-9,$AB=AC$,$AD=AE$。

(3)如图 4-3-10,$AB\perp BC$,$AD\perp DC$,垂足分别为 B,D,$\angle 1=\angle 2$。

(4)如图 4-3-11,$\angle 1=\angle 2$,$\angle 3=\angle 4$。

问题 4　如图 4-3-12,$AC\perp BC$,$BD\perp AD$,垂足分别为 C,D,$AC=BD$。

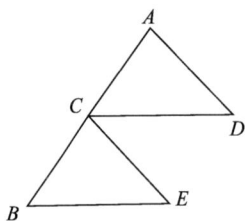
图 4-3-8

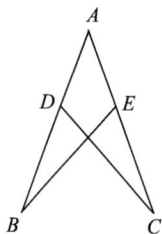
图 4-3-9

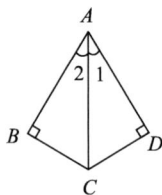
图 4-3-10

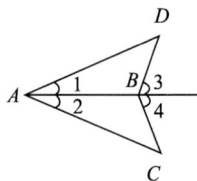
图 4-3-11

求证：$AE = BE$。

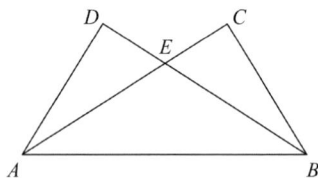
图 4-3-12

【设计意图】让学生基本掌握三角形全等的判定方法，对应元素会在图上标注，并会书写证明过程。

（三）综合应用

问题 5　如图 4-3-13，已知 AC 交 BD 于点 O，$AB = DC$，$\angle A = \angle D$。

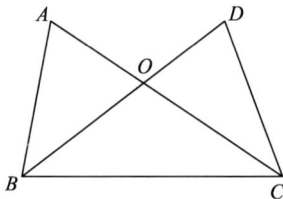
图 4-3-13

（1）请写出符合上述条件的四个结论（并且不再添加辅助线，公共边、对顶角除外）；

（2）从你写出的四个结论中，任选一个加以证明。

问题 6　市郊的一个空旷场地上有一个较大的土丘，经考古专家分析，判断它很可能是一座有价值的古墓，如图 4-3-14。请你用所学的三角形全等知识设计一种方案，用皮尺丈量出不能直接到达的 A，B 两点的距离。（要求说明设计方案并证明这种方案，不要求设数据计算）

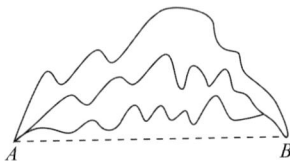
图 4-3-14

【设计意图】问题 5 能让学生掌握判定三角形全等方法之间条件的不同，及开放性题型的条件组合方式；问题 6 是三角形全等的实际应用。

（四）归纳提升

（1）判定三角形全等的方法有哪些？

（2）判定全等三角形的条件查找方法，及全等三角形的基本模型归纳。

（3）全等三角形的实际应用。

评述:这节"单节练习课"三个环节中练习题所涉及的知识及图形模型全面覆盖,体现了整体性,而这些练习题层层递进,也为不同层次的学生提供了选择性,体现了简约化练习课教学的简约与高效。

(二)单元练习课

所谓单元练习课是指在一个单元几个知识内容或一章内容学习完之后,围绕几个所学知识内容进行的综合练习巩固课。单元练习课的过程结构主要由以下几个教学环节组成:一是根据单元内的不同知识进行简单针对性的基本练习,目的是帮助学生快速回忆单元内已经学过的相关知识;二是通过题组练习对单元内相关知识进行比较沟通性的变式练习,目的是帮助学生通过综合比较沟通形成对知识的清晰认识;三是通过联系现实生活的问题设计对单元内相关知识进行综合运用的提高练习,目的是帮助学生体会问题化难为易、化复杂为简单的解决过程中的思想方法,以实现学生抽象认识和思维能力的提升。其过程可概括表达为以下教学流程:简单针对性练习—比较沟通性练习—综合运用性练习。

根据单元练习教学过程的展开逻辑,教师要注意以下几条基本原则:

1. 方法性原则

单元练习教学中自然不能没有习题,但是也不能只有习题而没有方法和思想。其实习题只是手段,目的是通过习题练习达到方法的掌握和思想的提升。因此,教师要十分注意通过以题组练习作为手段,引导学生对问题解决过程中的方法进行归纳、概括、提炼,以提高学生掌握方法并运用方法解决实际问题的能力。

2. 类比性原则

在单元练习课的教学中,教师要引导学生对多种概念、算理或方法进行综合比较,区别和沟通它们之间的内在联系,帮助学生通过练习进一步理清概念和算理,形成方法的综合判断和灵活掌握的能力。

3. 提升性原则

单元练习的目的在于学生认识、能力和思想的提升,所以教师要注意教学的纵向关联与互动推进,不仅要实现学生从数的认识到代数认识的抽象水平的提升,还要实现学生从方法选择到灵活运用的能力水平的提升,更要实现学生从问题解决到思想方法的文化浸润的提升。

案例 4-3-2 给出了一个简约化数学单元练习课的教学设计。

案例 4-3-2

"二次函数的图像与性质"的教学设计

一、教材分析

(一)课标要求

(1)会用描点法画出二次函数的图像,通过图像了解二次函数的性质。

(2)会用配方法将数字系数的二次函数的表达式化为 $y=a(x-h)^2+k$ 的形式,并能由此得到二次函数图像的顶点坐标,说出图像的开口方向,画出图像的对称轴,并能解决简单实际问题。

(3)知道给定不共线三点的坐标可以确定一个二次函数。

(二)内容分析

(1)知识层面:本节课是学生已经掌握了二次函数图像与性质的基本知识之后的单元练习课,主要是通过这节课的复习,让学生知道知识之间的关联与延伸。

(2)能力层面:通过本节课的复习,让学生巩固研究函数与解决函数问题的基本方法,提升学生从平移与对称的角度求二次函数解析式的能力,培养学生综合分析问题的能力。

(3)思想层面:培养学生用"数形结合"的思想去思考二次函数的问题,用"化归、分类讨论、特殊与一般"的方法解决问题。

(三)学情分析

学生已经掌握了二次函数图像与性质的基本知识,也有了研究函数的一些基本方法,但还不会理解知识之间的关联性与递进性,综合分析问题的能力还不够。

二、教学目标

(1)掌握二次函数图像与性质,及二次函数图像与几何知识的综合应用;

(2)掌握求解二次函数问题的方法(数形结合方法);

(3)通过对由易到难问题串的探究,培养学生与他人交流、合作的意识和品质。

三、教学重难点

(1)重点:二次函数图像与性质;

(2)难点:二次函数图像与几何知识的综合应用;

四、教学方法

问题教学法。

五、教学过程

问题1　请根据二次函数解析式 $y=x^2-4x+3$，观察式子结构特征。

【设计意图】(1)从数的角度了解学生对二次函数解析式的掌握情况；

(2)对于不同解析式之间的转化，体现了特殊与一般、化归的思想方法。

问题2　请画出 $y=x^2-4x+3$ 的图像。

(1)请用描点法在图 4-3-15 的平面直角坐标系内画出 $y=x^2-4x+3$ 的图像。

列表：请填写表 4-3-4。

表 4-3-4　坐标数据

x	...					...
y	...					...

【设计意图】培养学生画函数图像的技能。

(2)请根据函数图像说出其性质：(老师展示函数图像如图 4-3-16 所示)

①开口方向_____；对称轴_____；顶点坐标_____。

②函数图像与坐标轴交点_____。

③当 x_____时，函数值 y 随 x 的增大而增大。

当 x_____时，函数值 y 随 x 的增大而减小。

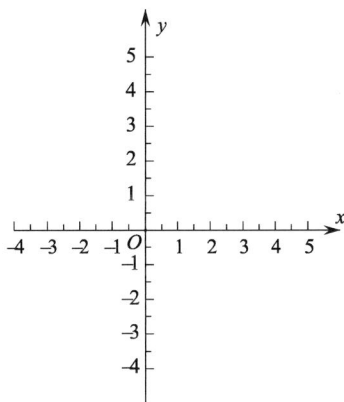

图 4-3-15

④当 x_____时，函数取最_____(大或小)值为_____。

⑤此抛物线上的一点 $M(2+\sqrt{3},2)$，请写出点 M 关于直线 $x=2$ 的对称点 N 的坐标_____；

点 $M(m,n)$ 在此抛物线上，则关于直线 $x=2$ 对称的点 N 的横坐标是_____(用含 m 的字母表示)，并证明点 N 也在此抛物线上。

⑥若直线 $y=h$ 与此抛物线必有交点，则 h 的取值范围是_____。

【设计意图】通过学生画二次函数图像,从形的角度了解学生掌握二次函数图像与性质,及抛物线的对称性与对称点特征的基本情况。

问题 3　把抛物线 $y=x^2-4x+3$

(1)向下平移_____单位后,图像会过原点,并写出平移后的函数图像的解析式:_____;

(2)向上平移_____单位后,顶点在 x 轴上,并写出平移后的函数图像的解析式:_____;

(3)向左平移_____单位后,图像会过原点,并写出平移后的函数图像的解析式:_____。

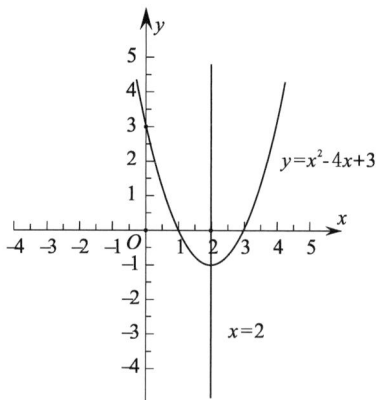

图 4-3-16

【设计意图】总结:"上+下-"对 y 变;"左+右-"对 x 变!(由形定数)

问题 4　已知抛物线 $y=x^2-4x+3$。

(1)求此抛物线关于 x 轴对称的抛物线解析式:_____;

(2)求此抛物线关于 y 轴对称的抛物线解析式:_____;

(3)求此抛物线关于原点对称的抛物线解析式:_____。

【设计意图】把抛物线的图像当作图形进行变换,怎么求函数的解析式。

问题 5　思考题:如图 4-3-17,设抛物线与 x 轴相交于点 A,B(点 A 在点 B 的左边),与 y 轴交于点 C。

(1)$\triangle ABC$ 的面积为_____;

(2)抛物线上一点 P,若 $S_{\triangle PAB}=1$,则点 P 的坐标是_____;

(3)若在直线 BC 下方的抛物线上存在一点 P,使得 $\triangle PBC$ 的面积最大,请求出点 P 的坐标。

(4)你还能提什么问题?

【设计意图】函数图像是由无数个点组成的,选择一些有意义的点可组合出不同的几何问题,通过解决几何题目达到了解函数应用的目的;函数题目中的几何问题研究可与三角形全等、相似相关,也可与三角函数、圆有关。

问题 6　抛物线 $y=x^2-4x+3$ 上一个动点 $P(x,y)$。

(1)当点 P 横纵坐标相等时,点 P 的坐标是＿＿＿＿;

(2)点 P 的横纵坐标的和的最小值为＿＿＿＿,此时点 P 的坐标是＿＿＿＿。

【设计意图】函数与动点之间的关系(动与静的结合),数与形的结合。

六、本节课小结

(1)知识点:函数图像与性质及几何综合应用;

(2)方法点:归纳法、特值法、配方法;

(3)思想点:数形结合、化归、分类讨论、特殊与一般;

(4)信心点:函数不全是难题,只要找准方法即可解!

数缺形时少直观,形少数时难入微,数形结合百般好,隔离分家万事非!

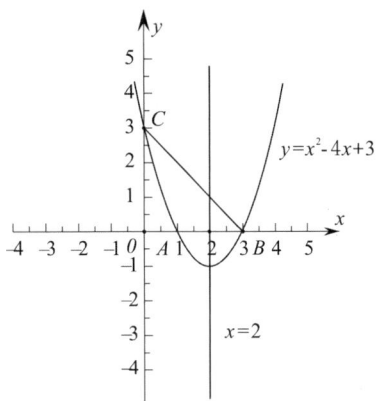

评述:通过本节单元练习课,学生们巩固了二次函数的图像与性质,掌握了研究函数的基本方法,用类比的方法,从点对称到函数图像对称求解二次函数解析式,提升了分析问题与解决问题的能力。整节课既体现了单元练习课的方法性、类比性、提升性原则,更体现了简约化练习课教学的简约与高效。

第四节　简约化数学活动课教学

"综合与实践"是数学课程中的一个较新的内容,理解和把握这个领域对于数学课程的发展和数学教学的改革是非常重要的。《义务教育数学课程标准(2011 年版)》指出:"综合与实践"是一类在教师指导下,以问题为载体,以学生自主参与为主的学习活动。"综合与实践"的活动可以渗透在数与代数、图形与几何、统计与概率等知识的教学中,也可以单独以课题活动形式开展活动。

"综合与实践"内容设置的目的在于培养学生综合运用有关数学知识与方法解决实际问题,培养学生的问题意识、应用意识和创新意识,积累学生的活动经验,提高学生解决现实问题的能力。"综合与实践"活动的教学要求与建议如下:

(1)明确活动的目的是前提。"综合与实践"活动的目的是让学生积累活动经验;培养学生的应用意识和创新意识;加深数学内容各分支之间,数学和其他学科之间,数学与学生生活实际之间的综合,通过"综合与实践"的学习,使学生综合能力得到发展。

(2)合适的选题和预设是关键。"综合与实践"活动的选择和设计要注意三个策略:一要考虑阶段性,不同学段学生的认知水平不同,所接收的数学知识也不同,教师应该根据学段目标,合理设计"综合与实践"活动;二要考虑挑战性、实践性,解决与生活经验密切联系的具有一定综合性的问题,重实践,重综合;三要考虑全员性,所选择的课题要使所有的学生都能参与,不同的学生可以通过解决问题的活动获得不同的体验。选题可以来自教材,也可以由教师、学生共同开发得到,提倡教师自行研制,开发校本课题。

(3)正确的活动实施是保证。一是要放手,让学生自主发现问题与解决问题,教师的指导要适时、适当,要让"综合与实践"的实施成为提高教师和学生素质的互动过程;二是要全程,学生全程参与活动,而不是几个片段的组合;三是要合作,组织好学生之间的合作交流,让每个学生发挥专长,各得其所,共同提高;四是要交流,在关注过程的同时,也应该关注结果的交流和展示;五是把握好活动次数,每学期开展"数学活动"至少两次;六是精心设计活动形式,不拘泥于课堂,"综合与实践"可以以数学活动课的形式在课堂上单独完成,也可以课内外相结合的方式进行。

简约化数学活动课可以营造宽松和谐的学习氛围,激发学生学习数学的兴趣。心理学家布鲁纳说:"最好的学习动机是对所学教材有内在的兴趣。"数学活动课的教学目的之一便是激发学生学习数学的兴趣。在教学过程中,教师要尽可能地调动学生的眼、耳、口、手等多种感官,利用制作、剪拼、表演、竞赛等多种形式,创设一种和谐、愉快、轻松的学习氛围,让学生以丰富多样的载体体验某一数学概念的内涵,通过实践和探索形成和巩固数学知识,一扫数学课的单调、枯燥与沉闷,引起学生强烈的兴趣和参与欲望。

一、简约化数学活动课的原则

简约化数学活动课以学生参与数学探究活动为目的,删除过多的老师说教环节与内容,让学生参与数学知识发现过程的探究,培养学生动手操作与思考能力,同时培养学生科学的理性精神,体现了内容简约化,过程活动化。简约化的初中数学探究活动课还体现了抽象与具体相结合的原则。它把抽象的数学道理形象化,具体化,使学生看得到,摸得着,便于从感性认识上升到理性认识,从而帮助学生发现、理解数学知识,使数学变得易学。

二、简约化数学活动课的宗旨

"简约化数学活动课"的宗旨是为学生学会学习,学会探究而教。

三、简约化数学活动课教学的具体要求

(一)把学会学习,学会探究作为核心教学目标

课堂教学因其追求不同,所用的方式方法不同而有品质、品位的高低之分,按其品质高低可分为四个层次:第一层次是知识教学,重在学生接受和理解数学的概念及其性质;第二层次是方法教学,重在学生理解数学和概念及其性质的探究过程与探究方法;第三层次是能力教学,以数学的概念及其性质的探究为载体,让学生掌握研究这些数学概念、性质等知识的一般套路、思路与方法,进而增强学生的观察、分析、抽象、概括、转化等能力;第四层次是品性教学,学生能在理解知识、掌握方法、发展能力的基础上欣赏数学的价值,能用数学的眼光观察世界,养成探究的意识与习惯,弘扬合理地、有条理地思考和解决问题的理性精神。由于在众多的、不同层次的教学目标中,学会学习、学会探究不仅能起到承上启下的作用,还直接影响和决定着知识教学、品性教学的效果,因此它是简约化数学活动课的核心教学目标。

(二)明晰知识结构及其探究的思路与方法

布鲁纳认为:"无论教什么课,务必要使学生理解这些科目的基本结构,这是运用知识处理课外问题和事件或者处理日后训练中遇到问题的最起码要求。"因此要让学生学会学习,学会探究,首先要明确探究的问题,明确数学知识发展的内在结构与逻辑。德国教育家第斯多惠也曾指出:"一个坏的教师是奉送真理,一个好的教师则教人发现真理。"简约化的数学活动课的教学既教会学生明晰数学知识结构及应用,还教会学生通过活动体会其探究的思路与方法,同时教给学生发现真理的方法。

(三)明晰学生探究的起点与能力

只有明晰学生探究的起点与能力,教师才能使探究问题及其难度处于学生的"最近发展区"内,进而做到有效探究。数学课上很多的活动是假探究,或是不探究,是教师告知的而不是学生自主探究得到的,学生没有掌握研究数学的基本思路与方法,缺乏独立自主探究的能力。而简约化数学活动课能让教师明晰学生探究的起点与探究的能力。

(四)明晰为学会学习、学会探究而教的策略与方法

遵循"变教为导,变学为研"原则,以数学知识合乎逻辑的发展和数学思维的自然展开为主线,以教师指导下的自主化程度较高的探究为学生学习的主要方式,遵循数学研究的基本套路——背景问题、方法、结论、应用,即明晰研究背景,提出研究问题,明确研究方法,探究数学结论,巩固应用结论,紧紧抓住和利用思维的"关节点"和"关键点",突出数学化的过程与方法,数学性质探究要明确研究问题和研究方法,数学性质运用要突出建模和转化;数学内容的学习要强化类比思想,突出与前面学过的具体数学知识在研究问题、研究方法等方面的相似性。简约化数学活动课能实现学生主体性,让学生在活动中学会学习,在学习中学会探究,真正"变学为研",而数学活动过程中老师"变教为导",导在学生探究过程的关键处,导在学生探究问题的困难处。

(五)把握好探究的"度",实现教学效益最大化

提倡让学生学会探究,并不是什么知识都要探究,或什么知识都要彻底探究。事实上,这是不现实的。教学要从学生探究能力的实际出发,根

据教学效益最大化及简约化原则,选择适合学生探究的内容,并把握好教师启发讲解与学生自主探究之间的"度"。简约化数学活动课整节课的探究,是在活动中探学生不明处,究学生困惑处。

(六)突出活动性,凸显生本课堂

学生在数学教学过程中有着不可替代的作用,但学生长期以来习惯于老师讲,习惯于被动地接受学习,对自身在学习中的主体地位缺乏认识,学习缺乏自主性、主动性和创造性,而简约化数学活动课有助于学生主体意识的萌发和培养。数学活动课在活动过程中为学生的主动参与创设了一定的条件,形成了学生主动参与、互相合作讨论的氛围,必将慢慢唤醒学生的主体意识,使学生在学习中真正发挥主体作用。

案例 4-4-1 给出了一个典型的简约化数学活动课的教学设计。

案例 4-4-1

"探究分割三角形得到等腰三角形的方法"的教学设计(人教版教材)

一、教材分析

(一)课标要求

(1)探索并证明角平分线的性质定理:角平分线上的点到角两边的距离相等;反之,角的内部到角两边距离相等的点在角的平分线上。

(2)理解线段垂直平分线的概念,探索并证明线段垂直平分线的性质定理:线段垂直平分线上的点到线段两端的距离相等;反之,到线段两端距离相等的点在线段的垂直平分线上。

(3)了解等腰三角形的概念,探索并证明等腰三角形的性质定理:等腰三角形的两底角相等;底边上的高线、中线与顶角平分线重合。

(二)内容分析

(1)知识层面:本节课教材呈现了等腰三角形的判定方法,线段垂直平分线、角的半分线、三角形的高线及轴对称等性质,内容丰富。

(2)能力层面:本节课是课内实践的数学活动课,通过动手折叠的实践探究,培养学生动手实践的能力,还通过小组合作归纳总结规律,培养学生的合作意识与能力。

(3)思想层面:通过本节课的学习,应用了数形结合、分类讨论、特殊与一般、类比、化归等数学思想方法,培养了学生直观想象、逻辑推理等核心素养。

（三）学情分析

八年级学生已经掌握了等腰三角形的性质与判定的知识,也具备一定的探究能力,但动手探究能力不强,归纳总结能力不高,开展这样的活动探究有助于提升学生综合能力。

二、教学目标

(1)以分割三角形纸片获得等腰三角形的探究为载体,师生共同经历一个综合性几何问题的设计,完善探究过程。

(2)实现类比探究,分类讨论,一般与特殊,反思归纳,问题拓展五种能力的提升,感悟、提炼、分享几何探究的经验。

三、教学重难点

(1)重点:几何知识的综合应用。

(2)难点:综合几何问题的分析与解决,完成所有分类情况的讨论。

四、教学策略

引导探索法,自主探究法,小组合作法。

五、教学准备

三角形纸片(三种不同的类型各50张),一张练习纸(画图),圆规,直尺及三角板,勾线笔,多媒体。

六、教学过程

（一）复习知识

问题1 等腰三角形的判定方法有几种?哪几种?

【设计意图】复习巩固等腰三角形判定方法等知识。

（二）动手操作

折叠三角形纸片,并画出分割线。

活动1

问题2 把一张不等边的钝角三角形纸片分割成两个三角形,使其中一个是等腰三角形,先尝试着折叠,并画出这样的分割线。

追问1 符合"把一个三角形纸片分割成两个三角形"条件的分割线有什么特点?

追问2 分割线与折痕线有关吗?

教师提示:与人教版教材八上P56第10题,P62练习1,P65第6题进行比较并归纳。

追问3 上述的分割线最多有多少条?请说明理由。

追问4 所画的分割线可分成几类?为什么?

【设计意图】引导学生通过动手实践发现问题,以直观操作促进分类思考,借助分类尝试有序思考、概括,从而探知规律。

活动2

问题3　把一张不等边的锐角三角形纸片分割成两个三角形,使其中一个是等腰三角形,先尝试着折叠,并画出这样的分割线。

追问1　上述的分割线最多有多少条? 请说明理由。

追问2　与活动1结果相比较,分割线条数发生变化了吗? 为什么? 请说明理由。

【设计意图】通过动手实践,巩固活动探究的规律,学会用类比的思想解决问题,并从比较中得到两个问题之间的联系。

活动3

问题4　把一张一般的直角三角形纸片分割成两个三角形,使其中一个是等腰三角形,先尝试着折叠,并画出这样的分割线。

追问1　上述的分割线最多有多少条? 请说明理由。

追问2　与活动1、活动2结果相比较,分割线条数发生变化了吗? 为什么? 请说明理由。

【设计意图】通过对特殊三角形的动手实践,寻求一般与特殊之间的关系。

(三)动手画图

问题5　如图4-4-1,在图形上画出所有的分割线。

(用画图法直接画出分割线,把原有的三角形分成两个三角形,且其中一个是等腰三角形。)

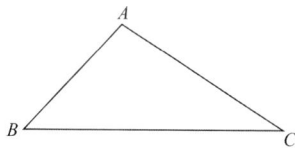

图 4-4-1

【设计意图】通过类比及转化思想的渗透,体现两种不同方式(折叠与画图)的适用性。

(四)学以致用

(1)如图4-4-2,在△ABC 中,$\angle A > 90°, BC > AC > AB$,找出能把△ABC 分割成两个三角形的分割线,且其中一个是等腰三角形,则这样的分割线共有(　　)。

A.5 条　　　　　B.6 条

C.7 条　　　　　D.9 条

(2)如图 4-4-3，在△ABC 中，AB＝AC，且∠A＝45°，找出能把△ABC 分割成两个三角形，且其中一个是等腰三角形的分割线，则满足条件的分割线共有（　　）。

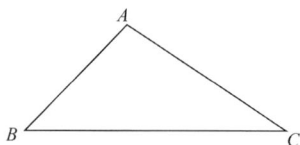

图 4-4-2

A.4 条 　　　　 B.5 条

C.6 条 　　　　 D.7 条

（五）归纳小结（动脑思考）

(1)活动 1、活动 2、活动 3 之间的动手操作的有序思考及规律。

(2)动手折叠与画图两种方式分割出等腰三角形的方法与结论。

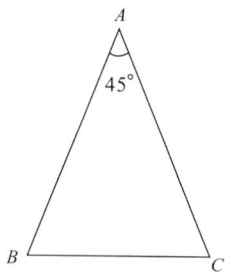

图 4-4-3

【设计意图】复习巩固知识、方法，探究知识的途径。

（六）板书设计

(1)用折纸方法找出分割线；(2)用画图方法画出分割线。

（七）布置作业

1. 必做题

(1)把一张顶角为 36°的等腰三角形纸片剪两刀，分成 3 张小纸片，使每张小纸片都是等腰三角形，你能做到吗？请画出示意图并说明剪法。

(2)用两种不同的方法画出顶角为 45°的等腰三角形的三分线，并标注每个等腰三角形顶角的度数（若两种方法分得的三角形成 3 对全等三角形，则视为同一种）。

(3)△ABC 是一张等腰三角形纸片，AB＝AC，∠A＝108°，把等腰三角形分割成四张等腰三角形纸片，用三种方法。

2. 思考题（选做题）

(1)将钝角的腰与底边不等的等腰三角形纸片分割成两个三角形，使其中一个是等腰三角形，你能画出这样的分割线吗？

(2)将锐角等腰三角形纸片分割成两个三角形，使其中一个是等腰三角形，你能画出这样的分割线吗？ 如果等边三角形纸片呢？

(3)将特殊直角三角形纸片（等腰直角三角形，30°的直角三角形）分割成两个三角形，使其中一个是等腰三角形，你能画出这样的分割线吗？

(4)你能找出一条分割线，把一个三角形分成面积相等的两部分吗？

若能,请你思考这样的分割线怎么画? 有多少条?

【设计意图】综合运用数学思想方法拓展问题的外延,深挖问题,一题多用,方法模块化;一题多变,渗透方法实质;多题一解,提高探究的效率;一题多问,增强问题意识,培养质疑精神。

评述:这节课是"探究分割三角形得到等腰三角形的方法"的活动课,这节课让学生主动参与探究活动,并进行思考归纳总结(即关注学生动手与思考),老师又适时地指导与点拨,是一节既高效又简约的课,课堂教学简约有效地组织实施,课堂教学重视学生的生成性,关注学生的积极参与度和思维活跃度,关注学生思维能力和学习能力的培养,体现了简约化数学活动课的宗旨——为学生学会学习、学会探究而教。

第五节　简约化数学复习课教学

数学复习课是指在一个单元教学或一个长段教学结束之后,对所学知识进行系统复习整理的课,是数学教学课型中非常重要的组成部分。其教学目的是引导学生主动对知识进行系统的复习整理,不是原有知识的重复,而是让学生把各部分知识汇集成完整的知识结构,使知识更加条理化、系统化,实现对所学知识的结构化认知和融会贯通能力的提升,实现对所学知识个性化和创生性的内化和占有,让学生从知识总体上整理学习方法和思维方法,形成更高层次的自学能力。所谓"个性化",是指每个人的转换不是千篇一律的过程。所谓"创生性",主要表现在两个方面:其一,"占有"过程不仅表现在丰富学生的内在精神世界,培养学生的各种能力,还表现在学生对自我期望、发展意识、策略等方面的提升;其二,"占有"过程是学生创造能力开发和生成的过程,是对创造性活动理解和体验的过程。

一、数学复习课教学存在的主要问题

如何进行更有效的数学复习课的教学,一直是数学教师感到棘手的问题。数学复习课教学中主要存在以下几方面的问题：

（一）数学复习课教学的功能异化问题

功能错误定位导致了复习课教学的异化现象。部分数学教师习惯于把复习课当作综合练习课进行教学,在这样的课中学生一味地做练习题,教师一一讲解练习题,师生一起围绕着练习题就题论题,过分关注通过练习使学生达到熟能生巧的目的,忽视了复习课教学沟通知识内在联系、温故知新和融会贯通的功能。

（二）数学复习课教学的教师替代问题

对知识整理结果的精致呈现导致了复习课教学的替代现象。部分数学教师对学生不相信、不放心,在复习课教学中直接呈现自己的整理结果,替代了学生复习梳理知识的过程,过分关注知识整理结果的清晰呈现,忽视了通过复习实现学生对知识网络形成结构化认识的教学目的。

（三）数学复习课教学的效率低下问题

教师教学转化能力的不足导致了复习课教学的低效现象,主要表现在教师在复习课教学过程中的指导能力不足和提升能力不足,过分关注教学设计的执行和练习题标准答案的揭示,忽视了复习课中学生的综合能力与思维水平的进一步提升。说到底,数学复习课教学中的问题与现象直接导致了其教学过程育人价值的窄化。

二、简约化数学复习课的特点

（一）任务性

知识形成课的教学过程是学生围绕有关新知识内容发现问题、解决问题、进行探究的过程,其教学的目标任务是学生在认识和把握新概念、新法则、新规律的同时形成学习的方法和能力。知识巩固课的教学过程是学生对所学知识内容进行掌握与运用的练习过程,其教学的目标任务是学生运用知识解决问题的综合能力的形成与提升。而知识复习课的教学过程是学生对所学知识通过系统复习整理实现个性化和创生性的占有过程,其教学的目标任务是学生对所学知识形成结构化认知和融会贯通的能力。

（二）时长性

数学复习课教学所处的时段一般是在一个单元、一个学期或一个学段的知识形成课和巩固课之后,这一时段之特殊性使复习课具有以下两个方面的独特性:一是时空上的跨越。复习课教学通常需要跨越几个不同课时、几个不同单元章节,甚至几个不同学期学年的时空;二是知识容量上的庞大。复习课教学涵盖的内容需要综合几个不同课时、几个不同单元章节,甚至几个不同学期学年的知识内容来完成教学任务。这种时空的跨越和容量的庞大使数学复习课教学具有不同于其他课型的艰难之处,无论学生还是教师都将面临巨大的挑战。

（三）心理性

对学生来说,初中阶段是价值观形成的初期,对于很多事物认识只停留于表象,形象思维优于抽象思维,而对于新生事物比较敏感与好奇,对于同一事物关注时间不长,因而,知识形成的新课由于其探究过程的特点,容易激发初中学生的好奇心理和探究欲望,学生乐意主动积极地投入其探究过程之中;知识巩固课由于其练习内容相对易于掌握与运用,容易满足学生的好胜心理和成功体验,学生也愿意参与到练习过程之中。由于复习课教学是对已学旧知的整理,教师"炒冷饭"式的教学往往难以调动学生参与其中的积极性;而且,复习课教学对知识综合融通运用的要求有所提高,又容易使学生产生畏惧心理。因此,相对新课而言,复习课教学更需要教师研究学生、解读学生,开发学生丰富的学情资源,挖掘数学复习课教学对于学生发展的教育价值。

三、简约化数学复习课教学的一般原则

（一）整体系统的原则

由于数学复习课教学跨越时空和容量庞大的特点,学生不仅会因时空间隔而容易产生知识遗忘现象,还会因知识点多、涉及面广而容易形成知识"散沙"现象,因此,教师首先要引导学生在上复习课前主动对知识进行回顾梳理,然后在学生自己整理知识的基础上,努力引导学生从整体系统的视角通过复习整理形成知识整体框架。这种整体系统性可以从以下三个方面加以体现:其一,注意引导学生通过单元章节复习课的知识整理形成单元章节的知识整体框架表,从而建立单元章节知识的整体系统;其二,注意引导学生通过学期学年复习课对几个单元章节知识框架表进行合并整理,形成学期学年的知识整体框架表,从而建立学期学年知识的整体系统;其三,注意引导学生通过学段总复习课对几个学期学年知识框架表进行同类相关知识的合并整理,形成学段同类相关知识的整体框架表,从而建立学段知识的整体系统。为此,教师还需要特别引导学生保留每一次系统知识的作业单,这也是对学生良好学习习惯的培养。

（二）结构关联的原则

由于学生的年龄特点决定了他们在知识整理过程中容易出现将书本知识简单罗列的现象,教师要注意引导学生对知识进行纵向和横向的梳理沟通,通过对知识之间内在联系的寻找和发现,形成知识条块关系的结构关联和综合融通,感受和体验渗透其中的数学思想方法。

（三）递进提升的原则

中小学生一方面正处于发展和提升抽象思维能力、逻辑思维能力等的关键期,另一方面他们还不能完全脱离形象思维,在思维活动中的自我意识或监控能力也有待进一步提高,所以教师要注意通过不同阶段的复习课教学来实现学生学习能力的递进培养和思维水平的螺旋提升。

四、简约化数学复习课的类型

根据初中数学知识整理复习的教学特点,按照复习时间进行分类主要有:单元复习课、阶段复习课（期中、期末复习课）和总复习课（中考复习）;按照复习课性质进行分类主要有:知识梳理复习课、知识拓展复习课、专题复习课。

（一）知识梳理复习课

所谓知识梳理性的复习课教学,是指对教材知识进行系统复习整理的教学,即对整个教学单元或教学阶段的知识点以复习整理课的形式进行教学,引导学生对知识点进行系统梳理和沟通联系。

对于知识的梳理课,在单元复习、阶段复习与总复习时所要达到的目标是不一样的。单元复习或阶段复习时,训练学生整理整章知识结构的技能,当一章或几章教材教完以后,根据教材分量的多少、学生学习的实际情况和课标的要求,可安排一节或几节复习课。在这样的复习课上,教师指导复习方法,要求学生对整章(可根据目录或章后小结)或整个单元进行独立的系统复习,弄清各个概念、定义、定理、法则、公式的探求过程,熟记内容,并且根据知识间的基本关系,整理出一章或几章的知识结构。

例如,一元二次方程单元复习,可指导学生精心设计、整理知识结构图(如图 4-5-1):

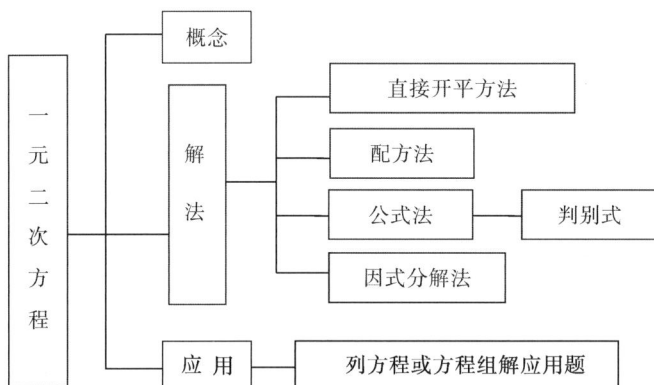

图 4-5-1

到了初三总复习阶段,要引导学生把相近或相似的一小块一小块知识(通常是几章)联成一大块。这样有利于对知识整体结构的掌握,有利于对不同事物之间的内在联系和区别的理解,也有利于对对立统一规律的认识。

例如,方程总复习,可精心设计、整理方程知识结构图(如图 4-5-2):

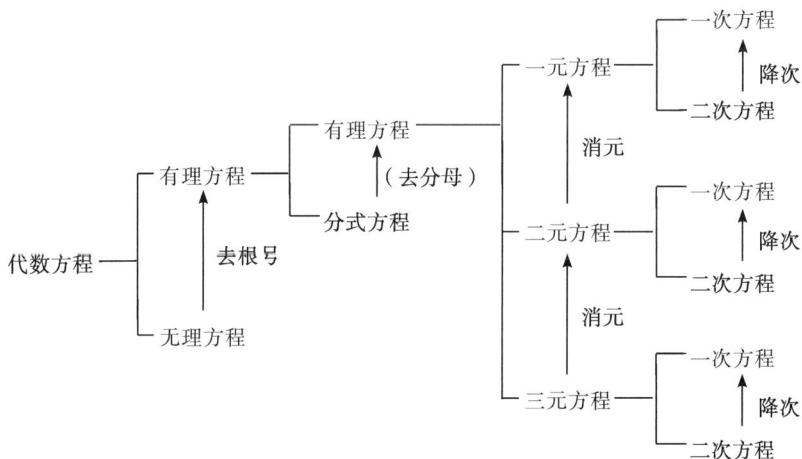

图 4-5-2

（二）知识拓展复习课

所谓知识拓展复习课，是指对教材内容进一步开发和挖掘，围绕这些拓展延伸性的内容进行深化探究，其教学过程结构类似知识形成课的探究过程，帮助学生对教材内容进行进一步的深化认识，以实现复习课教学温故知新的教学目标。案例4-5-1给出了一个知识拓展复习课的设计。

案例 4-5-1

"等线段长的图形变化"知识拓展复习（人教版教材）

一、内容分析

（一）课标要求

探索并证明等腰三角形的性质定理：等边对等角；底边上的高线、中线与顶角平分线重合。

（二）教材分析

(1)知识层面：本节课是八年级学生在已经学习了人教版教材的三角形(第十一章)、全等三角形(第十二章)、轴对称(第十三章)之后的一次知识拓展复习课，从知识角度来看，主要复习等腰三角形的性质(补充)及变化图形中多问的问题，特别是求角度的问题，通过复习强化知识及应用。

(2)能力层面：学生在上新课的学习过程中已经掌握了基本图形模型及图形之间的简单变化。本节课的复习不仅巩固学生动手画图能力，培养学生对图形模型的归纳能力，还进一步培养与提升对图形生成过程的思考能力。

(3)思想层面：本节课通过动手画图，感受几何的直观作用，同时渗透数形结合的思想；在图形生成过程中体会转化与化归思想；从几何图形模型归纳中掌握模型思想。

（三）学情分析

八年级学生初步具有画图、识图、析图的能力，但对于图形的生成及图形模型的归纳能力还有待提升。

二、教学目标

(1)熟练掌握等腰三角形的性质及应用、求角度问题的基本知识与方法；

(2)提高动手画图的能力，图形之间的变化思考能力；

(3)在学习过程中进一步体会数形结合思想、图形模型思想、转化与化归思想的作用。

三、教学重难点

(1)重点:等腰三角形的性质及应用。

(2)难点:图形的生成与图形模型的归纳。

四、教学策略

根据学生已有的认知,采取"画图—识图—发现—归纳"的教学模式,培养学生画图、识图、析图的能力。教学过程中学生逐步体验几何画图及图形生成过程,最后进行模型图形的归纳。所以,从这个意义上讲,本节课的过程与结果并重,让学生经历探索数学问题的过程,从中获得丰富的数学经验。

波利亚曾说过:"学习任何知识的最佳途径都是由自己去发现。"《义务教育数学课程标准(2011年版)》要求通过实践、思考探索、交流获得知识,所以在这里力图通过动手画图、动眼观图、动口说图,使学生充分感知等腰三角形的性质、图形变化过程与图形模型归纳。

五、教学过程

(一)复习回顾

问题1 如图4-5-3,在△ABC中,AB=AC,则该三角形有哪些性质?

【设计意图】看图说性质,让学生围绕等腰三角形的复习主题,按"最近发展区"的要求,在回顾等腰三角形性质的情境中唤起(或激发)学生复习的兴趣,建立等腰三角形的性质框架。

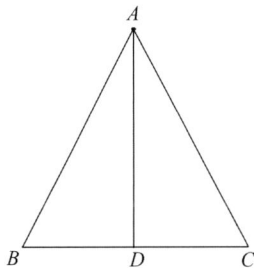

图 4-5-3

(二)尝试探究

问题2 如图4-5-4,在△ABC中,AB=AC。

多问1 如图4-5-5,作线段BA的延长线AD,请判断∠DAC与∠B,∠C的数量关系,并说明理由。(请尝试用文字语言进行归纳)

多问2 在多问1的条件下,如图4-5-6,过点A作∠DAC的平分线AE,请说出AE与BC的位置关系,并说明理由。(请尝试用文字语言进行归纳)

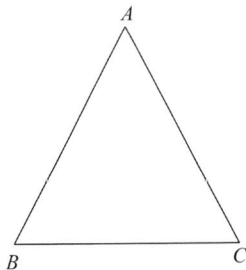

图 4-5-4

多问3 在多问1的条件下,如图4-5-7,延长线段AD且使AD=

AB,连接 CD,请判断 $\triangle BCD$ 的形状,并说明理由。(请尝试用文字语言进行归纳)

多问 4 如图 4-5-7,若 $\angle BAC = 90°$ 或 $\angle BAC = 60°$,则 $\triangle BCD$ 又会发生怎样的变化呢?

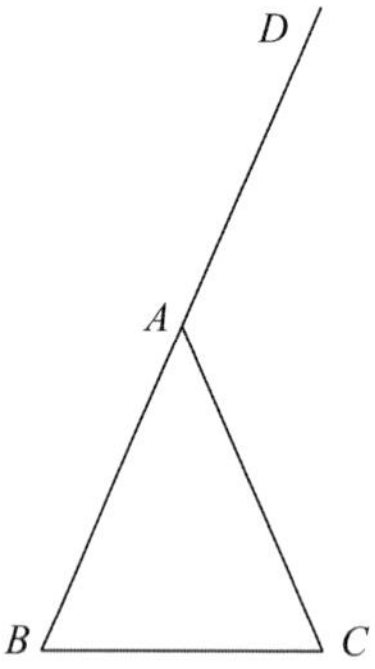

图 4-5-5 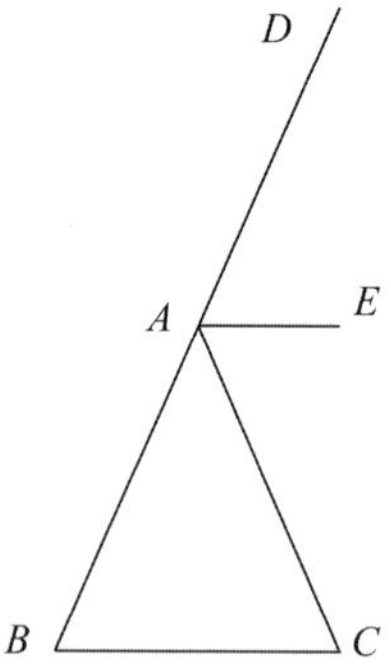　　　　　图 4-5-6 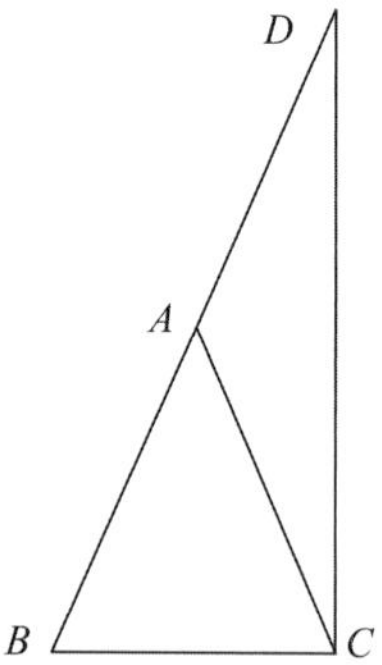　　　　　图 4-5-7

【设计意图】让动手画图成为学生学习几何的一种习惯,层层引导学生深入思考问题,并学会用文字语言进行归纳(补充的性质)。

(三)合作提升

问题 3 如图 4-5-8,在 $\triangle ABC$ 中,$AB = AC$,延长 BC 至点 D,使 $CD = AC$,并连接 AD。

多问 1 当 $\angle BAC$ 分别是 $26°$,$36°$,$60°$ 时.求 $\angle B$ 和 $\angle D$ 的度数。

多问 2 试探究 $\angle B$ 和 $\angle D$ 的数量关系。

多问 3 如图 4-5-9,作底边 BC 上的高 AE,请判断 $AB + BE$ 与 DE 的数量关系。

(图中的 $\triangle ABD$ 是倍角三角形,当 $\angle BAC = 36°$ 时,$\triangle ABD$ 又是黄金三角形。)

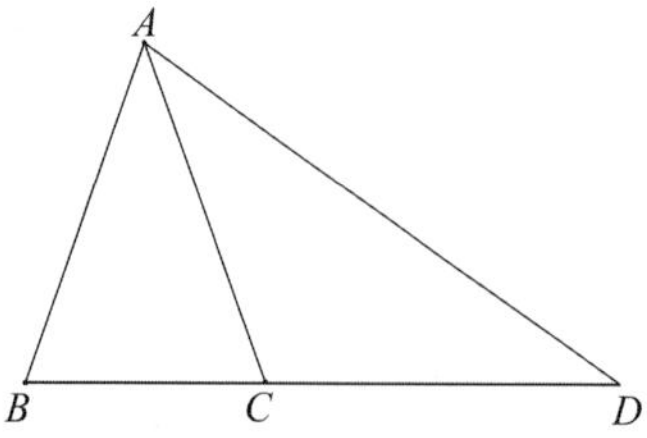

图 4-5-8 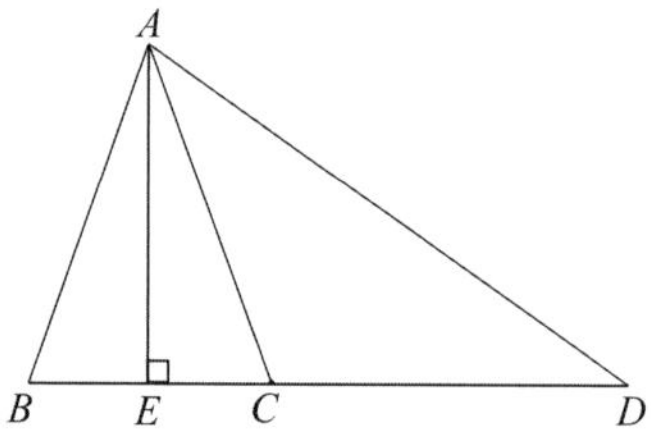　　　　　图 4-5-9

【设计意图】通过图形的某元素的变化,探求图形变化中"变"与"不变"

的本质问题,培养学生的识图能力与探求图形变化规律的能力。

（四）引导发展

问题 4　如图 4-5-10,在△ABC 中,AB＝AC。

多问 1　如图 4-5-11,把底边 BC 向两端作延长线,使 BF＝BA＝CE＝CA,求出图形中所有角的度数。

多问 2　在图 4-5-10 的条件下,若△ABC 是等边三角形。求∠FAE 的度数。

多问 3　如图 4-5-11,若△ABC 中,∠ABC＝50°,∠ACB＝80°,且 BA＝BF,CA＝CE。求∠F,∠E,∠FAE 的度数。

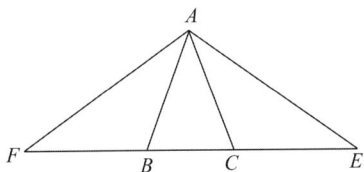 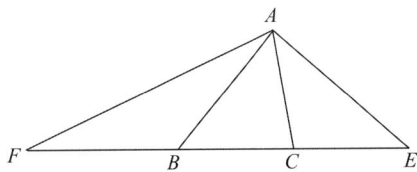

图 4-5-10　　　　　　　　　　　图 4-5-11

【设计意图】通过设置问题 4 的变式,体现图形特殊与一般之间的变化,让学生更好地体会变中的不变性。

（五）成效评价（小结归纳）

(1)本节课所学的知识有哪些? 解决问题过程中应用了哪些方法?

(2)本节课所总结的图形模型有哪些? 图形变化过程有什么规律?

(3)渗透的数学思想方法有哪些?

【设计意图】让学生学会从不同角度归纳,更能体现本节课的重难点。

（六）课后反馈（布置作业）

1. 必做题（归纳类型）

(1)人教版教材八年级上册 P78 例 2,P79 练习 3。

(2)人教版教材八年级上册 P77 练习 3,P76 例 1,P77 练习 2,P92 第 7 题。

(3)人教版教材八年级上册 P83 第 14 题;P91 第 5 题。

2. 选做题

(1)如图 4-5-12,已知△ABC 中,∠A＝2∠B,点 D 是线段 AB 上的点,且 AD＝BD,∠ADC＝60°。求证:∠ACB＝90°。（证法附后）

(2)上网查阅黄金三角形、倍角三角形等相关材料。

【设计意图】设置必做题与选做题的作业，体现分层的必要性；必做题全是课本题目，所有题目都是与本节课有关联的，让学生体会回归课本的重要性；而选做题(1)能提升学生综合解决问题的能力，不同的两种证法能培养学生的发散性思维，证法2又与本节课多问3有关联，体现了两问题之间的关联性，也体现了其应用性；必做题(2)上网查询并收集相关内容的素材，能培养学生的阅读能力与数学思维能力。

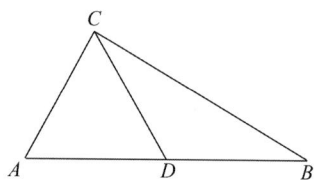

图 4-5-12

(七)板书设计(如表 4-5-1)

表 4-5-1　归纳对比表

序号	图形	性质
1		
2		
3		
4		

附必做题(1)的证法:

证法 1(略证):如图 4-5-13,延长 BA 至点 F,使 $AC=AF$,连接 CF,过点 C 作 $CE\perp AB$ 于点 E。因为 $AC=AF$,则 $\angle F=\angle FCA$,则 $\angle CAB=2\angle F$,又 $\angle CAB=2\angle B$,所以,$\angle F=\angle B$,则 $CF=CB$,所以,$EF=BE$。

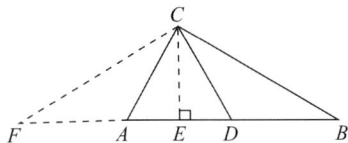

图 4-5-13

设 $AD=BD=a$,$DE=x$,在 Rt $\triangle CDE$ 中,$\angle ADC=60°$,则 $CD=2x$,$AE=a-x$,$BE=EF=a+x$,$AC=AF=EF-AE=a+x-a+x=2x$,因此,$CD=AC$,则 $\triangle ACD$ 是等边三角形,则 $\angle CAD=60°$,所以 $\angle B=30°$,则 $\angle ACB=90°$。

证法 2(略证):可用倍角三角形性质(八上 P62 练习 1 与 P77 练习 3)

如图 4-5-14,若 $\angle A=2\angle B$,可证明 $BE-AC=AE$,证明如下:过点 C 作 $CE\perp AB$ 于点 E,在线段 AB 上截取 $EF=AE$,连接 CF,则可证 $CA=CF$,且 $\angle A=\angle CFA$,又 $\angle A=2\angle B$,则 $\angle CFA=2\angle B$,又 $\angle CFA=\angle FCB+\angle B$,因此 $\angle FCB=\angle B$,即 $CF=BF=AC$,因此 $BE-AC=BE-BF=EF=AE$。

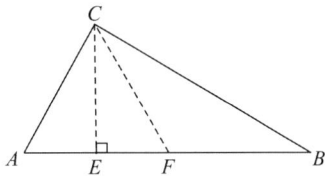

图 4-5-14

如图 4-5-15,因为 $\angle A=2\angle B$,则可证明 $BE-AC=AE$。

设 $AD=BD=a$,$DE=x$。

则 $AE=a-x$,$BE=a+x$,$AC=BE-AE=2x$。

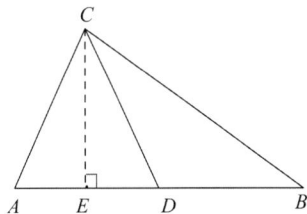

图 4-5-15

在 Rt$\triangle CDE$ 中,$\angle EDC=60°$,则 $CD=2x$,则 $AC=CD$,$\triangle ACD$ 是等边三角形,

则 $\angle CAD=60°$,所以 $\angle B=30°$,则 $\angle ACB=90°$。

评述:这专题课是阶段复习的专题课,是为了巩固等腰三角形的性质与判定,通过图形的变化与延伸,培养学生识别图形的能力,感受直观想象与逻辑推理的核心素养。这节课的题目来源于课本,又高于课本,题目之间关联性、递进性都很强,整节课的结构性、系统性简约明了。

（三）专题复习课

所谓专题复习课教学,指以专题方式讲解教材知识(或方法),形成学生解决问题技能与能力的教学,即选择有内在关联的题组以专题复习研究的形式进行教学,帮助学生明确和形成解决问题的基本策略、路径和方法,以提升学生解决实际问题的能力。因此,我们以专题研究的方式进行复习课的教学时,要把用于解决同一类问题而分布在各个单元甚至各个分科的知识(或方法)串起来,帮助学生对知识进行内化并融会贯通地加以运用,帮助学生掌握和形成解决问题的基本策略和方法路径。案例 4-5-2 给出了一个专题复习课的设计。

案例 4-5-2

"手拉手模型——旋转"专题复习(人教版教材)

一、内容分析

(一)课标要求

(1)通过具体实例认识平面图形关于旋转中心的旋转,探索它的基本性质:一个图形和它经过旋转所得到的图形中,对应点到旋转中心的距离相等,两组对应点分别与旋转中心连线所成的角相等。

(2)了解中心对称、中心对称图形的概念,探索它的基本性质:成中心对称的两个图形中,对应点的连线经过对称中心,且被对称中心平分。

(3)探索线段、平行四边形、正多边形、圆的中心对称性质。

(二)教材分析

(1)知识层面:本专题复习课是以人教版九年级上册第 23 章为主要内容的总复习专题复习课,是继图形平移变换、轴对称变换之后的旋转变换,其是对于全面深入掌握图形全等变换内容的又一个关键知识,从运动过程角度来分析,它比前两种的运动变换更深奥些。

(2)能力层面:用运动变换的观点来思考问题,用严密的逻辑推理来分析问题,培养综合分析问题与解决问题的能力。

(3)思想层面:变与不变的思想,运动变换的思想,化归与转化思想,分类讨论思想等;直观想象与逻辑推理的核心素养。

(三)学情分析

九年级学生已经掌握了旋转的定义与性质相关的基本内容,具备一定的画图与识图能力,也能对一些图形进行组合变换。但是对图形模型的识别与应用等综合能力还是不强。

二、教学目标

(1)能够用旋转的定义及性质识别已知图形中的旋转关系;

(2)掌握手拉手模型及应用;

(3)利用旋转变换的思想去解决一些数学问题,并能发现其中的规律。

三、教学重难点

(1)重点:巩固旋转的定义及性质,掌握手拉手模型及应用;

(2)难点:利用旋转变换的思想去解决一些数学问题。

四、教学策略

小组合作,动静相结合,问题教学法。

五、教学过程

(一)旧知回顾——旋转的定义与性质

定义:在平面内,将一个图形绕一点按某个方向转动一个角度,这样的运动叫作图形的旋转。这个定点叫作旋转中心,转动的角度叫作旋转角。

性质:(1)旋转前后图形的大小形状没有改变;

(2)对应点到旋转中心的距离相等;

(3)对应点与旋转中心的连线所成的角相等,都等于旋转角;

(4)旋转中心是唯一不动的点;

例题 1 如图 4-5-16,在正方形 $ABCD$ 中,E 是 CD 上一点,F 是 CB 延长线上一点,且 $DE = BF$。求证:$AE = AF$。

分析:要证明 $AE = AF$,常通过证明两个三角形全等得到对应线段相等。证明两个三角形全等常用方法有 SSS,SAS,ASA,AAS,HL 等。本题还可用旋转观点理解,即把△ABF 看作是△ADE 绕着点 A 顺时针旋转 $90°$ 得到的(借此复习旋转的定义及性质)。

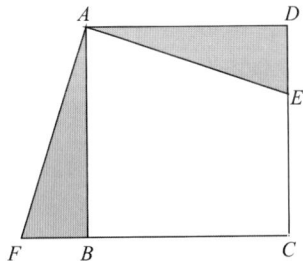

图 4-5-16

变式 1 连接图 4-5-16 中 BD,EF,可得到图 4-5-17。求证:△AEF 是等腰直角三角形。

由△AEF 与△ABD 可引申出手拉手模型。

【设计意图】复习旋转的知识,体会由旋转图形产生"手拉手模型"。

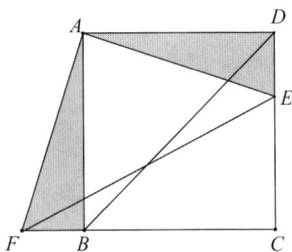

图 4-5-17

(二)生成新知——手拉手模型

1. 手拉手模型的定义

问题:观察图 4-5-18,图 4-5-19,图 4-5-20,有什么共同特征?

如图 4-5-18,△ABC,△ADE 是等腰直角三角形,∠BAC=∠DAE=90°。

如图 4-5-19,△ABC,△ADE 是等边三角形。

如图 4-5-20,△ABC,△ADE 是等腰三角形,∠BAC=∠DAE,AB=AC,AD=AE。

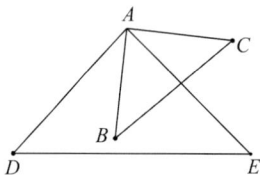

图 4-5-18

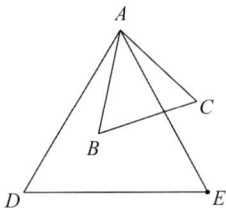

图 4-5-19

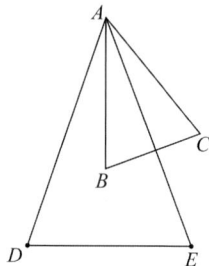

图 4-5-20

共同特点:①两个都是等腰三角形;②两顶点重合;③两顶角相等。

定义:两个顶角相等且共顶角顶点的等腰三角形形成的图形。因为顶点相连的四条边可以形象地看作两双手,所以通常称为手拉手模型。

【设计意图】了解"手拉手模型"的建立,突出"手拉手模型"的特点。

2. 手拉手模型的巩固

例题 2   如图 4-5-21,已知△ABC,△ADE 是等腰三角形,∠1=∠2,AB=AC,AD=AE。求证:DB=EC。

多问 1   请判断∠1 与∠DFE 的数量关系,并说明理由。

多问 2   如图 4-5-22,连接 AF。求证:AF 平分∠DFC。(提示:用多种方法求解)

【设计意图】强化"手拉手模型"的特征,体会图形中的不变性。

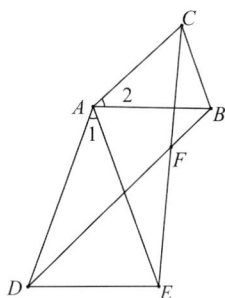

图 4-5-21

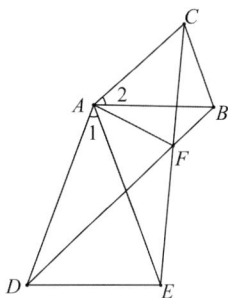

图 4-5-22

（三）模型综合应用与拓展

例题 3　如图 4-5-23，P 是正三角形 ABC 内的一点，且 $PA=6$，$PB=8$，$PC=10$。求 $\angle APB$ 的度数。

分析：当题目中的条件不集中时该怎么办？尝试通过旋转，把 PA，PB，PC 三条线段拼成一个三角形，又因为"$PA=6$，$PB=8$，$PC=10$"，若能拼成三角形，则一定是直角三角形。如图 4-5-24，将 △PAC 绕点 A 逆时针旋转 $60°$ 后，得到 △$P'AB$，连接 PP'，可证明 △$P'AP$ 是等边三角形，则可证明 △$P'PB$ 是直角三角形，即 $\angle P'PB=90°$。因此 $\angle APB=150°$。

例题 4　如图 4-5-25，已知 △ABC 为等边三角形，$AB=3$，以 C 为圆心，1 为半径作圆，P 为 ⊙C 上一动点，连接 AP，并绕点 A 顺时针旋转 $60°$ 到 P'，连接 CP'，则 CP' 的取值范围是_____。

分析：要解决此题，最关键的问题是要知道点 P' 的运动轨迹是什么。而要知道点 P' 的运动轨迹是什么，要从整体旋转的特征来建立旋转模型。无论是点、线，还是成形图形关于旋转中心旋转，旋转前后的图形形状大小都不变，因此此题中 ⊙C 绕点 A 顺时针旋转后的图形还是圆，而此圆一定是点 P 对应点 P' 的运

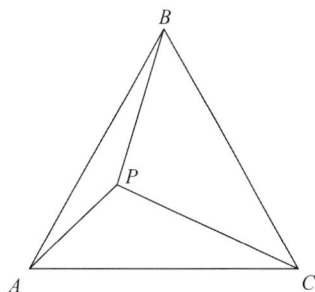

图 4-5-23

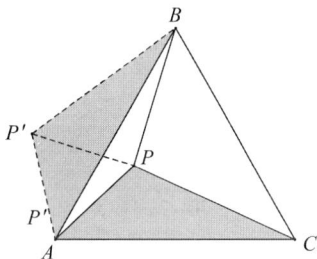

图 4-5-24

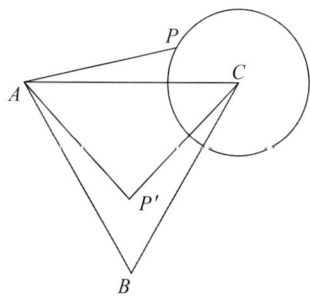

图 4-5-25

动轨迹。这就像"棒棒糖"模型，$\odot C$ 绕点 A 顺时针旋转就看作线段 AC 与 $\odot C$ 固定不动的一根"棒棒糖"绕端点 A 旋转，这样就容易理解点 P' 的运动轨迹是 $\odot B$（以点 B 为圆心、$\odot C$ 半径为半径的圆）。解决了点 P' 的轨迹问题，则题目中 CP' 最大值与最小值就转化成"$\odot B$ 外的定点 C 与 $\odot B$ 上动点 P' 的距离最值问题"，从而求得 CP' 最大值是 4，最小值是 2，则 CP' 的取值范围是 $2 \leqslant CP' \leqslant 4$。

旋转变换有同心圆模型，而关于平移变换、轴对称变换也都有模型，在这不一一叙述。

【设计意图】综合应用能培养学生的综合分析能力，模型应用能力。

（四）归纳总结

（1）手拉手模型图形的特征；

（2）手拉手模型图形的综合应用（即用旋转变换的思想去解决一些数学问题）。

【设计意图】通过总结，提升学生归纳能力。

评述：本专题复习课主要先从图形旋转变化的角度思考"变与不变"的特征，再对特征进行条理性的阐述与说明，整节课围绕"旋转"这一核心有理有序地在不同图形间展开分析，所选题目层次分明，整体结构感强，整节课结构简约清晰。

通过简约化数学复习课的教学，不仅可以体现其对知识进行回忆和梳理的教学功能，还可以体现简约化数学复习课教学所提倡的让学生形成结构性认知能力、整体综合思维能力、主动学习能力的教育价值。

第六节　简约化数学试卷讲评课教学

在数学教学中，测试（单元测试与复习测试）是教学的重要环节，通过测试能够及时了解学生的学习状况，考查学生对基础知识的掌握情况，检测学生的数学应用能力。考试之后，要对试卷中所反映的问题进行有针对性的讲评。试卷讲评课是教师在日常教学中必要的一类课型，目的是解决学生在解题过程中出现的个性、共性问题，强化学生解题步骤的规范性，查漏补缺,深化对知识的理解,拓展思路技巧,总结经验,提升学生以思维为核心的综合能力。试卷讲评课是提高教学质量和学生成绩的重要环节,相对于其他课型来说,讲评课兼顾内容更多,要求学生思虑更周全,想要收到理想的效果更需要有策略性。

一、数学试卷讲评课教学存在的主要问题

(一)不分主次,平分秋色

有些教师在试卷讲评时按试题的先后顺序逐题讲解,平均使用精力与时间,即使大多数学生都做对的简单题也进行讲评,而当讲到综合题时,学生精力已经不足了,这样既削弱了学生听课的兴奋感,也浪费了学生时间,结果是教师讲得津津有味,学生却听得昏昏欲睡。而对于学生有困惑的问题,往往由于分析和讨论时间不够而仓促带过,学生存在的问题仍然得不到有效的解决。

(二)核对答案,就题论题

有些数学教师在试卷讲评时把重点放在错题的正确答案上,这样固然可以缩短讲评的时间,看似提高了效率,但只能为学生提供对错的参照,却不能对试题知识点的融合、背景、变化以及与其他试题的关联进行有针对性的讲评,使学生对试题的本质及规律认识不足,不利于数学知识与方法的迁移。

(三)解法单一,缺少拓展

数学试卷中的试题解答方法往往是不唯一的,如解答选择题时可以用排除法(淘汰法),也可以用直接解法,对解答题往往因为解答者考虑问题的角度不同而呈现不同的思路与方法,可以一题多解,有些试题还可以一题多问与多变。有的教师在讲评试卷时没有对试题进行一题多解、多问、多变的拓展与讲评,不利于培养学生的发散思维能力。

(四)一讲到底,没有互动

有些教师因为教学时间紧而满堂灌,学生被动接受,讲评成了教师的"独角戏",学生成了知识的"容器"。这种填鸭式的讲评缺少学生的主动参

与,课堂气氛沉闷,学生思维受到压抑,挫伤了学生的学习积极性,束缚了学生思维的发展。

二、简约化数学试卷讲评课的原则

(一)简约性原则

由于试卷的测试需要时间,而讲评一份试卷的时间也很有限(综合试卷的讲评一般需要两节课,单元试卷的讲评一般需要一节课),因此数学讲评课的设计环节不能过于烦琐。试卷讲评课前可利用大数据(智学网)收集学生的错误信息,进行精细分析,并做出准确的判断;课上讲评环环相扣,简约有序;课后的错题分类收集与修改也需要简约高效。

(二)整体性原则

试卷的命制不仅需要总体把握知识分布情况,还要总体考虑易中难的题目比例。要使试卷讲评效率最大化,就要求我们在试卷讲评前,更全面地分析试卷所反映的情况,总体把握讲评的时间、节奏。如传统中医的诊断包括望、闻、问、切四诊,主要依靠医生的视觉、嗅觉、听觉、触觉等感觉器官收集病情信息,而现代医学引入了"人工智能"的辅助诊断,使得传统医学与现代智能的结合下的诊断更加科学有效,试卷分析也应做到如此。

(三)针对性原则

初中数学试卷有单元测试卷、综合测试卷(期中、期末、中考复习测试卷等)两类,讲评这两类测试卷时应有所区分,同样讲评某知识点,讲评单元测试卷时着力在"点"上,而讲评综合测试卷时着力应在"面"上。例如,填空:$-2^2=$＿＿＿＿。学生经常填写成 4,究其错误原因是概念不清,为了改变此现象,讲评时,针对性配置了这样的练习:$(-2)^2=$＿＿＿＿,$-(-2)^2=$＿＿＿＿,$\dfrac{2^2}{3}=$＿＿＿＿,$\left(\dfrac{2}{3}\right)^2=$＿＿＿＿;而若综合测试后,除了上述配置的问题,再增加$(-a)^2=$＿＿＿＿,$-(-a)^2=$＿＿＿＿,$\dfrac{a^2}{b}=$＿＿＿＿,$\left(\dfrac{a}{b}\right)^2=$＿＿＿＿,$(-a)^3=$＿＿＿＿,$-(-a)^3=$＿＿＿＿。

同时,综合测试讲评课时,应从"面"上总结错误存在的普遍性。针对试卷中出现错误的试题应深入了解错误根源,找准错因,才可能"对症下药"。例如,试题:如果 $\dfrac{2}{2x-6}=4$,那么 $\dfrac{1}{x-3}$ 的值是 _____。有很多学生填写成 2 的错误答案,究其原因是把分式的基本性质与等式基本性质混淆了;再如,试题"若两个正方形的边长比是 3∶2,其中较大的正方形的面积是 18,则较小的正方形的面积是(　　)。A.4　B.8　C.12　D.16"。有部分同学错选成 C。很多老师认为这种错误的原因是把"两个正方形的面积比等于它们相似比的平方"与"两个正方形的周长比等于它们的相似比"混淆了,因此配置此类题目来修正学生的错误。但深入学生之中,了解错因之后,发现学生的错误不是这样的。其实他们知道"两个正方形的面积比等于它们相似比的平方",设列方程:$\dfrac{18}{x}=\left(\dfrac{3}{2}\right)^{2}=\dfrac{6}{4}$,是因为"$3^{2}=6$"算错而导致选 C。所以,只有深入了解学生的错因,才能达到"对症下药"的目的。

(四)层次性原则

试卷讲评课时间很有限,为求讲评的有效性,讲评试题时应该有层次性。例如,对于一份单元测试卷(大约有 25 题)用一节课讲评,应该分两个层次:第一讲考试的成绩总情况,以鼓励表扬为主;第二讲试题内容,而对于试题内容应从三个方面讲解(即知识、方法、思想):(1)这份试卷所考查知识点有哪些? 存在什么问题? 主要原因是什么? 怎么改正?(2)试卷中所考查的解题方法有哪些? 存在什么问题?(3)试卷中所渗透的数学思想有哪些?

(五)有效性原则

试卷讲评课中要有效讲评,除了课前要进行数据的收集、统计与分析外,还要整体性与简约性地制订讲评课的方案(包括配置跟进练习),这是有效的试卷讲评课的前提条件。而试卷讲评课堂执行过程更关键,应有针对性、层次性地分析与解决问题,讲评时老师要与学生适时地互动,要给学生练习的时间与空间,这样才是有效的讲评课堂。

例如,试题:如图 4-6-1,已知点 A 在反比例函数 $y=\dfrac{k}{x}(x>0)$ 的图像上,作 Rt△ABC,边 BC 在 x 轴上,点 D 为斜边 AC 的中点,连结 DB 并延

长交 y 轴于点 E,若△BCE 的面积为 4,则 $k=$ _____。(课堂实录)

师:这道题是本次单元测试填空题的最后一题,全班有 21 位同学做对了,我很满意! 请为做对的同学鼓掌!

师:不过还有 25 位同学做错了,这些同学现在会做了吗? 现在会做的同学请举手,很好,将近 30 人会了。谁愿意上来讲解呢?

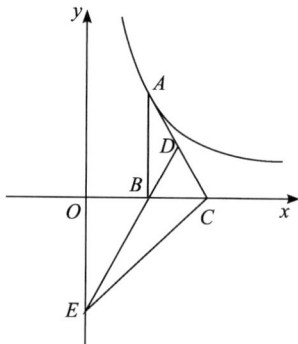

图 4-6-1

学生 1:因为点 D 是直角三角形 ABC 斜边 AC 上的中点,则 $BD=CD$,则 $\angle DBC=\angle DCB=\angle OBE$,又 $\angle BOE=\angle ABC=90°$。则可证明 $\triangle ABC \backsim \triangle EOB$,所以 $AB \cdot OB=BC \cdot OE=8$,即 $k=8$。

师:很好! (鼓掌)你能说说怎么想到这种解法的吗?

学生 1:因为求反比例函数解析式的 k,常求反比例函数图像所过点的横纵坐标的积,因而想到点 A 的横纵坐标,即求 $OB \cdot AB$。求线段的积常想到三角形相似或等积法,而此题已知"△BCE 的面积为 4",所以得证。

师:太棒了! 还有其他解法吗?

学生 2:如图 4-6-2,设点 $A(a,b)$,$C(c,0)$,则点 $B(a,0)$,$OB=a$,$BC=c-a$。

因为点 D 是线段 AC 的中点坐标,则点 $D\left(\dfrac{a+c}{2},\dfrac{b}{2}\right)$。

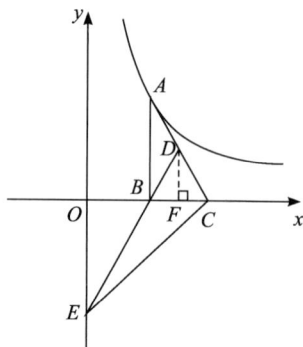

图 4-6-2

$$S_{\triangle BEC}=\frac{1}{2} \times BC \cdot OE=4,则 OE=\frac{8}{c-a}。$$

过点 D 作 $DF \perp x$ 轴,垂足为 F 点,则 $DF /\!/ OE$,则 $DF=\dfrac{1}{2}AB=\dfrac{b}{2}$,$BF=\dfrac{c-a}{2}$。

又 $\dfrac{DF}{BF}=\dfrac{OE}{OB}$,则 $DF \cdot OB=BF \cdot OE$,

$\dfrac{b}{2} \cdot a=\dfrac{8}{c-a} \cdot \dfrac{c-a}{2}$,则 $ab=8$,即 $k=8$。

师:你太聪明了! 你能告诉大家,你是怎么想的吗?

学生 2:以前解此类题目时,老师您说过设参数(代数法)求解的方法,我喜欢用这种方法。

师：你为什么喜欢这种方法？

学生2：因为我几何学习得不太好，经常想不到用什么几何知识求解，我就想用代数法求解。只要先设元（参数），顺着相关的几何知识列等式，进行准确计算就能得到结果。

师：你真的太棒了！（全体鼓掌）

师：这两种方法，一种以几何为主，一种以代数运算为主，各有千秋，希望同学们都能掌握。还不理解的同学课后可再交流！

在老师适时的引导与及时鼓励表扬下，学生主动参与思考并积极回答，这种以师生互动为主的试题讲评课才是最有效的。

三、简约化数学试卷讲评课的错题评析策略

（一）诊

即对试卷中学生的错误情况进行全面分析，可采用现代与传统相结合的方式，线上大数据的收集与线下师生面对面的问诊相结合是有效的试卷评讲的基础。如案例4-6-1中A选项的错误，为什么大部分的学优生会出错？问了学生后，才知道他们是把"分解因式"与"因式分解"的概念理解成不同了。书本上的表述：把一个多项式化成几个整式的积的形式，像这样的式子变形叫作这个多项式的因式分解，也叫作把这个多项式分解因式。因此要想有准确的诊断，不可武断，应结合客观事实。当然，客观事实除了利用智学网的大数据，还可了解出现答题错误的学生，形成线上与线下多渠道、多方位相结合的数据采集，如此才能准确地诊断并进行有效教学。

（二）配

通过大数据的诊断分析，找出错因，并针对错题配置针对性的改正练习，进行随堂强化练习，这也是试卷评讲有效性的保障。因此笔者在跟进配置练习上下了一番功夫。如以下例4-6-1跟进配置练习；例4-6-2跟进配置分类练习；例4-6-3跟进配置变式练习，提高了试卷讲评的有效性。

（三）练

根据配置练习，讲评课上给一定时间让学生完成，针对完成的情况再

进行评析与再判断。若还是有很多学生出现问题,课后可再配置相应练习题,再强化训练,最终达到掌握的目的。

例 4-6-1

(1)(原题 5)下列各式从左到右的变形中,是分解因式的是( )。

A.$m(a+b+c)=ma+mb+mc$　　　B.$x^2+5x=x(x+5)$

C.$x^2+5x+5=x(x+5)+5$　　　D.$a^2+1=a\left(a+\dfrac{1}{a}\right)$

(2)数据情况(如表 4-6-1)。

表 4-6-1　××中学 2018 年 3 月 29 号八年级 1 班第 3 次××考(数学)错误情况表 1

题号	题型	年级得分率	班级得分率	答对人数	答错选项及人数情况	答错学生名单
5	单选题	28.7%	46.4%	D:31	A:5	杨×皓、吴×熙、陈×彬、郑×宇、陈×
					C:6	陈×玲、王×莹、林×、李×昊、郑×尹、林×景
					D:8	陈×晖、刘×鑫、刘×伊、郭　×、林×祥、吴　×、林×若、林×雨

(3)错因分析:对于三个错误选项进行分析,A.$m(a+b+c)=ma+mb+mc$,分解因式与整式乘法两个概念没弄清楚;C.$x^2+5x+5=x(x+5)+5$,因式分解中的局部与整体没弄清楚;D.$a^2+1=a\left(a+\dfrac{1}{a}\right)$,分解的结果因式中是整式还是分式没弄清楚。

(4)配置练习。

下面分解因式正确的是( ),并指出错误选项的错因。

A.$x^2+2x+1=x(x+2)+1$　　　B.$(x^2-4)x=x^3-4x$

C.$ax+bx=(a+b)x$　　　D.$m^2-2mn+n^2=(m+n)^2$

例 4-6-2

(1)(原题 19)计算:$\sqrt{10}\div\sqrt{2}+\sqrt{10}\times\sqrt{2}-\dfrac{1}{\sqrt{5}}$。

(2)数据情况(如表 4-6-2)。

表 4-6-2　××中学 2018 年 3 月 29 号八年级 1 班第 3 次××考(数学)
错误情况表 2

题号	题型	年级得分率	班级得分率	答对人数	答错得分及人数情况	答错学生名单
19	主观题	54.3%	33.5%	15	[0,2):33	陈×加(1分)、黄×豪(1分)、杨×辉(1分)、吴×炜(1分)、吴×孟(1分)、陈×煌(0分)、林×恩(0分)、陈×豪(0分)、许×(0分)、许(×0分)、倪×钦(0分)、李×清(0分)、王×林(0分)、黄×慧(0分)、林×瑄(0分)、蔡×欣(0分)、何×颖(0分)、薛×豪(0分)、陈×涛(0分)、谢涌×(0分)、吴×铭(0分)、郑×豪(0分)、何×沅(0分)、谌×析(0分)、林×晴(0分)、陈×翔(0分)、陈×颖(0分)、刘×好(0分)、陈×丫(0分)、何×凡(0分)、芮×(0分)、陈×艳(0分)、何×冰(0分)
					[2,4):4	林×(3分)、张×源(3分)、何×斌(2分)、郑×静(2分)
					[4,6):0	无

数据说明:其中有 28 人得 0 分。

(3)错因分析:从题目知识结构与 28 人得 0 分来看,此题说明学生对三项知识(即两根式相乘、两根式相除(除号)、具备分式特征的除法及分母有理化)及二次根式的加减掌握得较差。

(4)配置练习(配置四类练习)。

第一类　两根式相乘:

① $\sqrt{2} \times \sqrt{10} = $ ＿＿＿＿＿;　　　② $\sqrt{3} \times \sqrt{9} = $ ＿＿＿＿＿;

③ $\sqrt{5} \times \sqrt{10} = $ ＿＿＿＿＿;　　　④ $\sqrt{6} \times \sqrt{8} = $ ＿＿＿＿＿。

第二类　两根式相除：

①$\sqrt{6} \div \sqrt{3} =$ _____；　　　　②$\sqrt{8} \div \sqrt{2} =$ _____；

③$\sqrt{10} \div \sqrt{5} =$ _____；　　　　④$\sqrt{14} \div \sqrt{7} =$ _____。

第三类　化简计算(分母有理化)：

①$\dfrac{1}{\sqrt{2}} =$ _____；　　　　②$\dfrac{1}{\sqrt{3}} =$ _____；

③$\dfrac{\sqrt{2}}{\sqrt{6}} =$ _____；　　　　④$\dfrac{\sqrt{3}}{\sqrt{5}} =$ _____。

第四类　同类二次根式合并：

①$\sqrt{3} - \dfrac{1}{5}\sqrt{3}$ _____；　　　　②$-\dfrac{\sqrt{2}}{2} + 3\sqrt{2}$ _____；

③$2\sqrt{2} + \sqrt{2} - \dfrac{\sqrt{2}}{3}$ _____；　　　　④$\sqrt{3} - 3\sqrt{3} - \dfrac{\sqrt{3}}{2}$ _____。

例 4-6-3

(1)(原题 21)已知：如图 4-6-3,在平面直角坐标系中,

①画 $\triangle ABC$ 关于 y 轴对称的 $\triangle A_1 B_1 C_1$,并写出 $\triangle A_1 B_1 C_1$ 三个顶点的坐标：A_1 _____ ,B_1 _____ ,C_1 _____；

②在 x 轴上画点 P,使 $PA + PC$ 最小。

(画图题不写作法,但必须保留作图痕迹。)

(2)数据情况(如表 4-6-3)

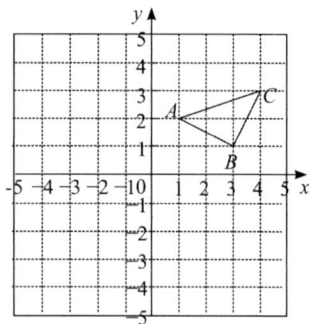

图 4-6-3

表 4-6-3　××中学 2018 年 3 月 29 号八年级 1 班第 3 次××考(数学)
错误情况表 3

题号	题型	年级得分率	班级得分率	答对人数	答错得分及人数情况	答错学生名单
21	主观题	73.8%	79.9%	15	[0,3):5	林×莹(0 分)、杨×皓(0 分)、林×景(0 分)、敖×彬(1 分)、黄×凯(2 分)
					[3,6):2	林×(3 分)、张×源(3 分)

续表

题号	题型	年级得分率	班级得分率	答对人数	答错得分及人数情况	答错学生名单
21	主观题	73.8%	79.9%	15	[6,8):24	林×岑(6分)、林×(6分)、林×彤(6分)、陈×伟(6分)、郑×尹(5分)、李×昊(5分)、陈×(6分)、郑×宇(6分)、陈×凡(6分)、林×(6)、林×若(6)、林×(6)、卢×翔(6)、何×莹(6)、方×熔(6)、林×洁(6)、吴×(6)、陈×炜(6)、郑×滢(6)、刘×伊(6)、陈×豪(6)、周×(6)、沼×铭(6)、林×(6)

（3）错因分析：从题目结构与学生的错误情况来看，5位得3分以下的学生是因为关于 y 轴对称的知识没掌握好；两位得3分的学生是因为没有连线形成三角形；24位得6分的学生是因为第2小题不会做。

（4）配置练习

①已知：如图4-6-4所示的直角坐标系中，画出△ABC 关于 x 轴对称的△$A_1B_1C_1$，并写出△$A_1B_1C_1$ 三个顶点的坐标：A_1 _____，B_1 _____，C_1 _____；

②在 y 轴上画点 P，使 $PA+PC$ 最小。（画图题不写作法，但必须保留作图痕迹。）

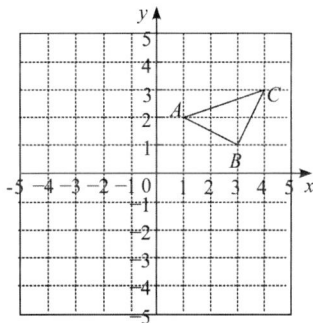

图 4-6-4

四、简约化数学试卷讲评课的教学流程

(一)课前准备

1. 总体情况

总体成绩情况(如表 4-6-4)。

表 4-6-4　测试成绩分析

班级	参考人数	高分率	优秀率	及格率
701	××	46.1%	78.9%	98.7%

表扬有进步的学生:陈×恒、李××、陈×娟、吴×娟、蔡×菲、陈×茜、王×瞳、林××(主要是与前次考试成绩相比进步比较明显的,标准是 90 分以下的总成绩进步 10 分(含 10 分)以上的,90 分(含 90 分)以上的进步 4 分(含 4 分)以上的)。

2. 收集错题

按上述错题评析"一诊、二配、三练"的策略,统计错误比较多的题目,分析错误的原因,配置相对应的题目。在批改试卷的时候,对批改时发现的错解,甚至每道题错误人数,都一一记载下来;这样对哪些试题错误比较多,错在哪里,心中有数,讲评就更有针对性了。

3. 制定策略

根据前面统计情况,确定该节讲评课的教学设计与讲评策略,对整份试卷所考查的知识点进行统计归纳,寻找类似题型;对重点讲解的试题进行归类,做好教学分析。

(二)课中讲评

1. 讲解典型易错问题

(1)因"规范书写与读题能力"问题而失分

①规范书写的问题,如:第 11 题"用式子表示 $a+b$ 的相反数为 _____",写成"$-(a+b)$",没去括号而失分,而填空题要求写成最简形式,即"$-a-b$"。

第 15 题"在庆祝国庆 70 周年活动中,某校组织学生在礼堂观看文艺会演。已知第 1 排有 20 个座位,后面每排比前一排多一个座位,则第 n 排的座位数是_____。(用含 n 的式子表示)",写成"$20+(n-1)$",没有去括号合并同类项写成最简形式"$n+19$"而失分。

②阅读审题问题,如:第 30 题要求"π 取 3.14,结果精确到 0.1",而很多学生没有按要求对 π 取近似值,答案中因保留 π 而扣分。

第 31 题中的要求"可用文字语言或符号语言"与"要写出计算过程",第 32 题:"还能发现什么结论?",部分学生没有认真阅读理解题目要求而导致失分。

(2)易错题:如第 5 题"去括号:$+(a-b-c)=$_____,$-(a+b-c)=$_____。"去括号错误率达 11.2%;第 16 题"如图 4-6-5,化简 $|c-a|-|a+b|+|b+c|=$_____。"错误率达 30.1%,通过对错误进行学生分类统计,发现绝对值化简错误的学生占错误学生总人数的 80.2%。

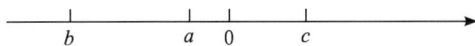

图 4-6-5

第 20 题"a 除以 b 乘 c 的商的式子是(　　)。

A.$\dfrac{ac}{b}$ 　　　　　B.$a\div bc$ 　　　　　C.$\dfrac{a}{bc}$ 　　　　　D.$ac\div b$

此题错误率 20.3%,错误学生中选择的占 85.5%;第 29 题"先化简,再求值:$3x^2-(2x^2-x+1)+2(-3+x-x^2)$,其中 $x=-3$。"错误率 20.3%,通过对错误学生的再了解,化简错误的学生占错误学生总人数的 50.3%,代入求值错误的学生占错误学生总人数的 49.7%。

2. 分类分层评析

(1)概念类:第 1,2,3,4,6,8,17,18,19 题。

针对单项式、多项式相关概念,同类项等概念错误,配置练习(课后):

①以下判断正确的是(　　)。

A.单项式 xy 没有系数 　　　　　B.-1 是单项式

C.2^3x^2 是五次单项式 　　　　　D.$\dfrac{5}{a}$ 是单项式

②单项式 $-3^2xy^2z^3$ 的系数和次数分别是(　　)。

A.$-1,8$ 　　　　B.$-3,8$ 　　　　C.$-9,6$ 　　　　D.$-9,3$

③多项式 $3x^2-2x-7x^3+1$ 是_____次_____项式,最高次项是_____,常数项是_____。

④已知 $-2m^6n$ 与 $5^xm^{2x}n^y$ 是同类项,则(　　)。

A.$x=2,y=1$　　　　　　　　　　B.$x=3,y=1$

C.$x=\dfrac{3}{2},y=1$　　　　　　　　D.$x=3,y=0$

(2)计算类:第 $25,26,27,28,29$ 题。

试卷中存在的主要错误:括号前是负号的,去括号时括号内的有些项的符号没有改变,括号前有倍数的,去括号时括号内有些项没有乘括号前的倍数;同类合并;还有一些是有理数计算,特别是幂的符号运算。

例如,第 29 题"$3x^2-(2x^2-x+1)+2(-3+x-x^2)$,其中 $x=-3$。"

主要错误:

①去括号错误:$-(2x^2-x+1)=-2x^2+x+1$(1 没有变号);

$2(3+x-x^2)=-6+2x-x^2$($-x^2$ 没有乘 2)。

②同类项合并错误:$3x^2-2x^2+2x-1-6+2x-2x^2=3x^2+4x-7$(误算 $-2x^2-2x^2=0$)。

③代入计算错误:$-x^2+4x-7=-(-3^2)+4\times(-3)-7=-10$ $\left[(-3)^2\text{写成}(-3^2)\right]$。

(3)方法与技巧类:第 $13,14,16$ 题。

例如　第 14 题"若 $a+b=-1$,则 $3a+3b-2$ 的值为_____。"

解法 1:整体代入法,$3a+3b-2=3(a+b)-2=3\times(-1)-2=-5$;

解法 2:代入消元法,由 $a+b=-1$,得 $b=-a-1$,代入 $3a+3b-2=3a+3(-a-1)-2=-5$;

解法 3:特殊值法,由 $a+b=-1$,可令 $b=0$,则 $a=-1$,代入 $3a+3b-2=3\times(-1)+3\times0-2=-5$。

(4)应用题类型。

①与数学性质及关键词有关:第 $10,11$ 题。

②几何图形类:第 30 题。

③应用题类:行程类[顺(逆)流(风)]:第 24 题;单价与增长率类(打折、原价、售价):第 $12,23$ 题;和差倍分类:第 $20,21$ 题;数字类:第 22 题;规律类:第 $15,31,32$ 题。

除了试卷中已经出现的应用题类型外,还应适当做一些补充或加强,如,第一:与性质及关键词有关:如倒数;第二:几何图形类:如立体图形类;第三:纯应用题类:单价与增长率,打折、原价、售价,百分比类、比例类,数字类:奇数、偶数、整数,年龄类。

第四:配置相应的补充(加强)练习题9道:

练习1 a 的倒数是_____;

练习2 设 n 表示任意一个整数,用含 n 的式子表示:(1)任意一个偶数_____;(2)任意一个奇数_____。

练习3 下面的叙述错误的是( )。

A.$(a+2b)^2$ 的意义是 a 与 b 的 2 倍的和的平方

B.$a+2b^2$ 的意义是 a 与 b^2 的 2 倍的和

C.$\left(\dfrac{a}{2b}\right)^3$ 的意义是 a 的立方除以 $2b$ 的商

D.$2(a+b)^2$ 的意义是 a 与 b 的和的平方的 2 倍

练习4 如图 4-6-6,阴影部分的面积是( )。

A.$\dfrac{11}{2}xy$ B.$\dfrac{13}{2}xy$

C.$6xy$ D.$3xy$

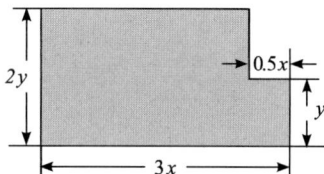

图 4-6-6

练习5 若 $x^2+ax-2y+7-(bx^2-2x+9y-1)$ 的值与 x 的取值无关,则 $a+b$ 的值为( )。

A.-1 B.1

C.-2 D.2

练习6 把四张形状大小完全相同的小长方形卡片(如图 4-6-7)不重叠地放在一个底面为长方形(长为 m cm,宽为 n cm)的盒子底部(如图 4-6-8),盒子底面未被卡片覆盖的部分用阴影表示,则图 4-6-8 中两块阴影部分的周长和是( )。

A.$4m$ cm   B.$4n$ cm

C.$2(m+n)$ cm   D.$4(m-n)$ cm

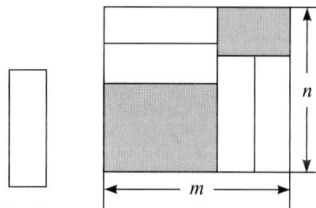

图4-6-7   图4-6-8

练习7 已知小明的年龄是 m 岁,小红的年龄比小明的年龄的 2 倍少 4 岁,小华的年龄比小红的年龄还多 1 岁,求这三名同学的年龄和。

练习8 在边长为 a 的正方形的一角减去一个边长为 b 的小正方形 $(a>b)$,如图 4-6-9。

(1)由图 4-6-8 得阴影部分的面积为_____。

(2)沿图 4-6-9 中的虚线剪开拼成图 4-6-10,则图 4-6-10 中阴影部分

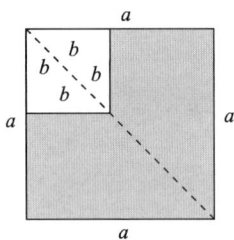

图 4-6-9

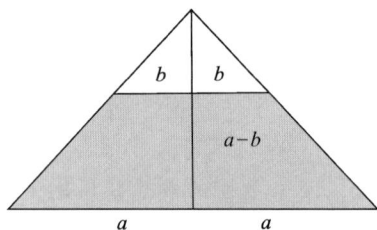

图 4-6-10

的面积为＿＿＿＿＿＿。

（3）由（1）（2）的结果得出结论：＿＿＿＿＿＿＿＝＿＿＿＿＿＿＿＿＿＿＿。

（4）利用（3）中得出的结论计算：$2020^2 - 2019^2$。

练习9　自我国实施"限塑令"起，开始有偿使用环保购物袋，为了满足市场需求，某厂家生产 A，B 两种款式的布质环保购物袋，每天生产 4500 个，两种购物袋的成本和售价如表 4-6-5，设每天生产 A 种购物袋 x 个。

表 4-6-5 两种购物袋的成本和售价

种类	成本/(元/个)	售价/(元/个)
A	2	2.3
B	3	3.5

（1）用含 x 的整式表示每天的生产成本，并进行化简；

（2）用含 x 的整式表示每天获得的利润，并进行化简（利润＝售价－成本）；

（3）当 $x = 1500$ 时，求每天的生产成本与每天获得的利润。

3. 归纳试卷所渗透的数学思想

在试卷命制的过程中，命题人都会有意地设计与数学思想相关的试题，因此，在试卷讲评时，一定要归纳这些数学思想。如第 14 题的整体思想，第 16 题的数形结合思想，第 24 题的消元思想，第 31 题的转化思想等。

（三）课后总结

波利亚说："自己的模块自己做。"在试卷讲评之后，要求学生根据试卷进行解法归纳，错误归纳，习题类型归纳，以加深印象，这样对自己的情况就更清楚了。

1. 纠正错题

要求学生根据试卷中答错的题目及老师分析,写出对题目的正确理解、解答过程等(写在错题本上)。其中部分学生可能还会有这样那样的问题,教师要做好个别辅导和答疑工作。

2. 完成配置练习题、摘抄好题

试卷讲评课后,学生要完成相应的配置练习题,老师检查练习完成情况,还要抽查检验学生掌握情况;针对试卷中的好题,还可以摘抄在好题本上(按好题收集的要求)。

3. 自我小结

要求学生写好每次测试后的小结。小结的内容包括本次考试的准备情况、答题情况、得分情况、出错原因,认清自己是识记不牢还是理解不到位,是表达不规范还是题干隐含意义挖掘不清,是教材知识迁移不够还是阅读思维方法欠缺,是思想上不够重视还是心理上过度紧张导致的临场发挥不佳,所得分是实力分还是运气分等。不是检讨,而是自我反思,学生客观评价了自己,也会主观定下后期的努力目标,从而走上良性的循环轨道。

参考文献

[1]曹才翰,章建跃.数学教育心理学[M].北京:北京师范大学出版社,2017:107,180,266-304.

[2]陈惠增.关于新人教版初中几何教材的几点思考[J].福建教育,2007(1):52-53.

[3]陈惠增.基于"三思而行"的数学导学课设计[J].福建基础教育研究,2020(01):52-54.

[4]陈惠增.基于数学能力发展的习题教学[J].中小学数学,2018(538):41-42.

[5]陈惠增.精准诊断 有效教学:试卷试题的诊断和评析[J].新课程,2018(11):20-21.

[6]陈惠增.挖掘"图形"实质 凸显"运动"变换[J].福建中学数学,2015(11):22-27.

[7]陈惠增.围绕一条主线,落实三个策略[J].初中数学教与学,2020(4):34-36.

[8]陈惠增.围绕一条主线,落实三个策略[J].数学教学通讯,2019(11):3-4,10.

[9]陈惠增.一道中考压轴题的多变思考与教学建议[J].福建基础教育研究,2018(11):52-55.

[10]陈艳秋.初中数学试卷讲评探究[J].数学教学通讯,2018(3):40-41,67.

[11]陈永明.陈永明评议数学课[M].上海:上海科技教育出版社,2012:177-190,199-216,219-233.

[12]代丽宅.初中数学试卷有效讲评策略研究[J].基础教育论坛(上旬刊),2019(291):11-12.

[13]丁裕兵.浅谈初中数学活动课教学过程的构建[J].新课程导学,2015(14):102.

[14]福建省教育厅.福建省初中学科教学与考试指导意见(数学)[M].福州:福建人民出版社,2017:4,49.

[15]福州教育学院.优秀教师教学改革的实践与研究(数学)[M].北京:海洋出版社,2012:20-31.

[16]高纪喜.聚焦反例教学,培养逻辑思维[J].福建中学数学,2019(6):14-17.

[17]葛家荣.怎样上好试卷讲评课[J].数学学习与研究,2019(6):145-146.

[18]郭春芳,张贤金,陈秀鸿等.中小学名优教师教学主线:内涵、价值与形成[J].中小学教师培训,2017(10):109-112.

[19]郭春芳,张贤金,陈秀鸿.教学主张的专业发展意义及其主要特征[J].福建基础教育研究,2017(9):4-6.

[20]洪文质.初中数学简约化教学策略[J].基础教育,2017(12):235-236.

[21]胡永强,赵岩.初中数学活动课的实践与反思[J].中小学数学,2019(548):48-51.

[22]教育部基础教育课程教材专家工作委员会.义务教育数学课程标准解读(2011年版)[M].北京:北京师范大学出版社,2012(10):308,318-319.

[23]李学."教教材"还是"用教材教"[J].教育发展研究,2008(10):28-31.

[24]李庾南.自学、议论、引导教学论[M].北京:人民教育出版社,2013:177-179,288-302.

[25]林高明.提炼教学主张为何?[J].青年教师,2015(10):46-49.

[26]秦晓.初中数学课堂教学中教师有效语言的探究[J].数学教学通讯,2017(10):51,58.

[27]史宁中.数学基本思想18讲[M].北京:北京师范大学出版社,2016:1-7.

[28]王峰.初中数学试卷讲评探究[J].数学教学通讯,2018(5):42-43,65.

[29]王国芳.核心素养下初中数学试卷讲评课的教学策略[J].福建中学数学,2019(4):29-32.

[30]魏相清,李倩.对初中数学习题变式教学的认识[J].中学数学月刊,2019(2):19-21.

[31]翁乾明.打开视野漫谈简约化教学[J].福建教育,2014(11):11-13.

[32]翁乾明.简约化教学理念与实践的研究[J].福建教育学院学报,2017(9):109-112.

[33]吴平生.初中数学概念课有效教学策略研究[J].初中数学教与学,2018(11):1-4.

[34]吴亚萍.中小学数学教学课型研究[M].福州:福建教育出版社,2014:178,296-448.

[35]肖宇鹏.浅谈初中习题课教学的现状及应对策略[J].中学数学,2019(16):93.

[36]谢北方.简约化教学从"两厢情愿"开始[J].福建教育,2014(12):14-15.

[37]徐惠英.去浮存真回归理性简约化数学课堂教学例谈[J].数学学习与研究,2010(9):54-55.

[38]许卫兵.简约数学教学[M].南京:江苏教育出版社,2011:30,43,50-53,57,63-103,154,201,207,212.

[39]许卫兵.简约:数学课堂教学的理性回归[J].课程.教材.教法,2009(5):42-46.

[40]杨先斌.初中数学试卷讲评存在的问题及对策[J].新课程研究,2018(10):110-111,120.

[41]余春香.简约而不简单——浅谈数学课堂简约化教学[J].新课程研究,2012

(250):106-107.

[42]赵宏山.浅谈初中数学活动课的尝试[J].时代教育,2010(7):171.

[43]赵士元.数学思考之美[M].苏州:苏州大学出版社,2016:141,143.

[44]中华人民共和国教育部.义务教育数学课程标准(2011年版)[M].北京:北京师范大学出版社,2012:2-3.

[45]中小学教师专业发展标准及指导课题组.中小学教师专业发展标准及指导(数学)[M].北京:北京师范大学出版社,2012(8):13.

后　记

　　我很早就有一个想法,有朝一日,如果能把自己从教近三十年来的课堂教学实践、教学思考及教学研究,用文字表达出来,与同行共勉,那该多好。现在终于把多年来的教学积淀写成一本书——《简约化数学教学》,实现了我的梦想,心里感到特别高兴。虽然有些"简陋",就如庄子所说,"始生之物,其形必丑",但毕竟是我的"第一孩",我爱之!

　　我平时除了日常的学校事务及教学事务外,还兼职"福建教育学院特聘副教授"。虽然身兼数职,工作繁忙,但我不错过每一次外出学习的机会。多次应邀到全省各地开展讲座、送培送教、上示范课共 60 多场,得到同行及专家的高度认可。在科研方面,我积极投身课题研究,主持福建省教育科学"十三五"规划课题"简约化教学下创造性使用教材的行动研究"等多项省市级研究课题。在多年课堂实践中不断反思总结经验,发表了多篇论文,其中《围绕一条主线,落实三个策略》一文于 2020 年 4 月被人大复印报刊资料《初中数学教与学》全文转载。我的"简约化数学教学"的教学主张逐渐成形,达到水到渠成的辐射作用。

　　几十年如一日,我对初中数学教学的不懈追求,想想也是挺艰辛的,但我心甘情愿且乐在其中。

　　本书历经八个多月才完稿,由于平时事务繁忙,一直没找到时间沉下心专心写作。2020 年的春天比较特殊,我每天坚持整整 10 个小时写作,功夫不负有心人,终于 2020 年 5 月份完成了初稿。

　　感谢陈柳娟教授、王钦敏老师百忙中抽出宝贵的时间,审阅了本书的初稿,提出了许多珍贵的意见。同时本书也得到我领衔的福清市中学数学陈惠增名师工作室多位老师、福清市高山育才中学的多位同事及家人的支持与帮助! 在此一并表示衷心的感谢!

　　教育教学的探索与研究是无止境的,作为福建省"十三五"中小学教学名师培养人选，我将一如既往地保持着奔跑的姿态，以"做用心学习和思考的数学人"的要求与同行共勉，站在新课改的新起点，继续坚守在这片充满希望的教育田野上，开拓进取，不断创新，永远做一名中国基础教育的追梦人。

行者无疆，路在脚下，目标在远方。

陈惠增

2020 年 5 月